カレーはお出汁でこんなに変わる!

スパイスだしカレー

カレーマン

はじめに

お出汁を隠し味に使ったカレーは、めずらしいものではありません。おそば屋さんのカレー、おでんやお鍋の残り汁を使って作るカレー、ご家庭でカレーライスを作るときにすでにお出汁を使っているという方も多くいらっしゃると思います。

ただ、市販品や業務用のカレー粉やカレールウを使用すると、その味の強さからせっかくのお出汁の香りや風味がカレーに塗り潰されてしまいます。それでもお出汁によってうま味は出ていますので、後味に余韻があったり、味に厚みが出て満足感が高まったりという効果は得られますが、せっかくのお出汁の風味はいかされていません。

本書では、そういったお出汁を使ったカレーではなく、お出汁が主役のカレー、お出汁とスパイスが共存しているカレーについてのレシピをご紹介したいと思います。

お出汁が前面に立つカレーは、うま味によって味に厚みが出るため、一般的なカレーよりも塩分が少なくて済むことが多くあります。お出汁の風味とスパイスの香りが心地よい、あっさりとしていて重たくない、毎日でも食べられるカレー。そんなカレーを、ご家庭でも作れるレシピでお届けできたらと思っています。

お出汁とスパイスが共存するだしカレーの世界へようこそ

だしカレーは、お出汁の種類を変えるだけでも表情がガラリと変わります。ですので、ぜひ本書に書かれたレシピにこだわりすぎることなく、身の回りの材料でできる自分なりのアレンジも試してみてください。それでもほぼ例外なく、おいしく仕上がってくれる包容力がカレーの素晴らしいところで、自分だけの配合を見つけたときの喜びは、ただおいしいだけの喜びよりも何倍も勝ります。

そしてぜひ、そんなレシピを発見したら、自分だけで抱え込まずにインターネットなどで世の中に発信してみてください。まだまだ発展途上のだしカレー。みなさんのトライと発信で、新しい日本の食文化になってくれることを願っています。

カレーマン

だしカレー
5つの
構成要素

1 だし

だしカレーの主役となる「お出汁」。主な原料は、昆布、かつお節、さば節、えびの殻。これらを掛け合わせることで得られる相乗効果により、飛躍的にうま味が強くなる。

2 スパイスとベースの味つけ

家庭のだしカレーと違うところが、スパイス使い。ホールスパイスとパウダースパイスを使用し、玉ねぎ、にんにく、しょうが、トマトでだしカレーの味のベースを作る。

3 仕上げのオイル

だしカレーの味を形成する上でも、欠かせないのが仕上げのオイル。だしカレーの風味を倍増させ、カレーに消されがちなお出汁の香りをグンと引き立たせる役割を持つ。

4 ライス

だしカレーはジャポニカ米はもちろん、バスマティライスもよく合う。雑穀米や玄米、ターメリックライスやサフランライス、意外なところで炊き込みごはんもおすすめ。

5 トッピング・副菜

だしカレーの味の構成要素は「塩味」「辛味」「うま味」。これらに「酸味」「甘味」「苦味」を加えるトッピングや副菜を添えて。食感や見た目をプラスことでさらに味わいが倍増する。

だしカレーの構成要素はラーメン作りの考え方（by日本ラーメンアカデミー）を参考にすると、わかりやすくなります。ラーメンの構成要素といえば「お出汁」「タレ」「脂／油」「麺」「トッピング」の5つ。これをだしカレーに置き換えてみると「お出汁」「スパイスとベースの味つけ」「仕上げのオイル」「ライス」「トッピング／副菜」の5つの構成要素があげられます。おでんやお鍋の残り汁で作る「家庭のだしカレー」は、お出汁の風味がスパイスに飲み込まれがちですが、このだしカレーの構成要素を把握することで、上手くいかなかったときにどこに問題があるのか、どの要素を変えればおいしくなるのか考えやすくなります。とくに「仕上げのオイル」は、ほぼマストに近い形で入れています。このオイルに含まれるお出汁の香りや風味が、スパイスやカレーの味の濃さに負けない引き立て役になっているのです。また「一般的な家庭のだしカレー」と異なるのは、ホールスパイスとパウダースパイスを使用している点。これらのおかげで、軽やかで繊細な味わいになり、お出汁の風味もかき消されずにスパイスに寄り添うことができるのです。また、だしカレーに合う主食のライスや、だしカレーに添えることで味、食感、見た目を変えられる副菜もだしカレーに欠かせない構成要素ということができるでしょう。

目次

お出汁とスパイスが共存する
だしカレーの世界へようこそ――2
だしカレー５つの構成要素――4
本書の使い方――8

スパイスだしカレーの基本 1

味つけやスパイスに負けない
強いお出汁のこと――10
煮干しだし――12
おすすめ！
かつおやさばなどの厚削り魚介だし――14
厚削りと煮干しのミックスだし――16
えびだし――18
だしカレーで使う
スパイスとハーブのこと――20

毎日でも食べられる！だしカレー 2

和のお出汁香るチキンキーマ――40
スパイシーポテサラの魚介チキンキーマ――44
れんこんとしいたけと
豚ひき肉の煮干しだしキーマ――46
あさりとミニトマトの魚介だしカレー――48
豚しゃぶの冷やしだしカレー――50
鶏手羽元と
素揚げ野菜の魚介だしスープカレー――52
鮭とトマトと梅干しの魚介だしカレー――56
おそば屋さん風　スパイスだしカレー――58
なすと山椒の魚介だしビーフキーマ――60
かきとセリのだしカレー炊き込みごはん――62

だしカレーに使う調味料のこと――26
玉ねぎ、にんにく、しょうが、トマト、
スパイスで作るカレーベースのこと――28
だしカレーの風味を
倍増させるオイルのこと――30
煮干しオイル――31
かつおオイル――32
えびオイル――33

コラム だしカレーをもっと楽しむライス――34
ジーラライス
ターメリックライス
サフランライス
シラントロライムライス
たけのこごはん
あさりごはん
茶豆ごはん
だしカレーに合うお米のこと――38

トマトと牛肉のだし煮込みカレー――64
ゆで卵のスパイス漬け――65
根菜と春菊と
鶏手羽元の煮干しだしカレー――66
濃厚えびだしカレー 南インド風――68
えびとほたての夏野菜だしカレー――72
鶏肉とクレソンの煮干しだしカレー――74
魚介だしの和風ポークビンダルー――76
白身魚とお野菜のココナッツ風味だしカレー――78
魚介だしのチキンカレー スリランカ風――82
魚介だしのかつおカレー スリランカ風――86
魚介だしのレンズ豆カレー――88

コラム パパッと作れる簡単副菜――90
じゃがいもとカリフラワーのだしサブジ
さきいかとセロリと松の実のサラダ
さば缶とオクラのスパイス炒め
香ばしいクミンのだしキャロットラペ
新じゃがのスパイスだしバターグラッセ
昆布だしキャベツのアチャール ハルピン漬け風

さくいん――94

本書の使い方

◉本書で紹介しているだしカレーは、お出汁のうま味で味に厚みがあるため、塩分はやや控えめになっています。

◉レシピにこだわりすぎずに、自分なりのアレンジも楽しんでください。お出汁の種類を変えるだけでもガラリと表情が変わります。下記に本書のレシピに対して相性のよい「お出汁」「仕上げのオイル」の組み合わせ表を掲載しています。

◉お出汁を取る時間がないときは、水600mℓに対してだしパック1袋を入れて代用すれば、気軽に挑戦していただけます。

◉お出汁とオイルの保存期間は目安です。冷蔵・冷凍庫内の冷気の循環状態、開閉する頻度などにより、おいしく食べられる期間に差が出る可能性があります。保存の際には、粗熱をしっかりとり、清潔な箸や容器を使ってください。

◉材料は4人分を基本にしています。レシピによっては、作りやすい分量などもあります。

◉計量単位は大さじ1＝15mℓ、小さじ1＝5mℓとしています。

◉電子レンジは600Wを基本としています。500Wの場合は加熱時間を1・2倍にしてください。

◉「少々」は小さじ1/6未満を、「適量」はちょうどよい量を、「適宜」はお好みで必要があれば入れることを示します。

◉妊娠中・授乳中のスパイスとハーブの大量摂取は避けてください。

だしカレー組み合わせ表

頁	だしカレー	だし				仕上げのオイル		
		煮干し	厚削り	ミックス	えび	煮干し	かつお	えび
P40	和のお出汁香るチキンキーマ	●	●	●		●	●	
P44	スパイシーポテサラの魚介チキンキーマ	●	●	●		●	●	
P46	れんこんとしいたけと豚ひき肉の煮干しだしキーマ	●	●	●		●	▲	
P48	あさりとミニトマトの魚介だしカレー	●	●	●		▲	▲	
P50	豚しゃぶの冷やしだしカレー	▲	●	●		▲	●	
P52	鶏手羽元と素揚げ野菜の魚介だしスープカレー	▲	●	●	▲	▲	●	▲
P56	鮭とトマトと梅干しの魚介だしカレー		●	▲			●	
P58	おそば屋さん風 スパイスだしカレー		●	●		▲	●	
P60	なすと山椒の魚介だしビーフキーマ	▲	●	●		●	●	
P62	かきとセリのだしカレー炊き込みごはん		●	●				
P64	トマトと牛肉のだし煮込みカレー	▲	●	●		●	●	
P66	根菜と春菊と鶏手羽元の煮干しだしカレー	●	▲	▲		●	▲	
P68	濃厚えびだしカレー 南インド風				●		▲	●
P72	えびとほたての夏野菜だしカレー				●		▲	●
P74	鶏肉とクレソンの煮干しだしカレー	●	●	●	▲	●	▲	▲
P76	魚介だしの和風ポークビンダルー	●	●	●		▲	▲	
P78	白身魚とお野菜のココナッツ風味だしカレー		●	●	▲	●	●	▲
P82	魚介だしのチキンカレー スリランカ風	▲	●	●		▲	▲	
P86	魚介だしのかつおカレー スリランカ風		●	●			●	
P88	魚介だしのレンズ豆カレー		●	●			▲	

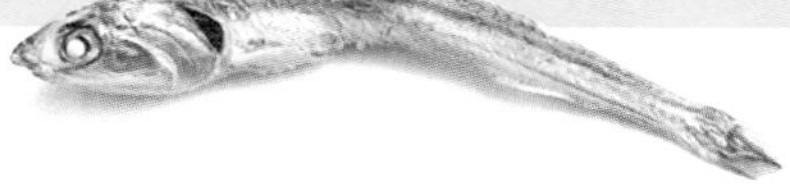

1

スパイスだしカレーの基本

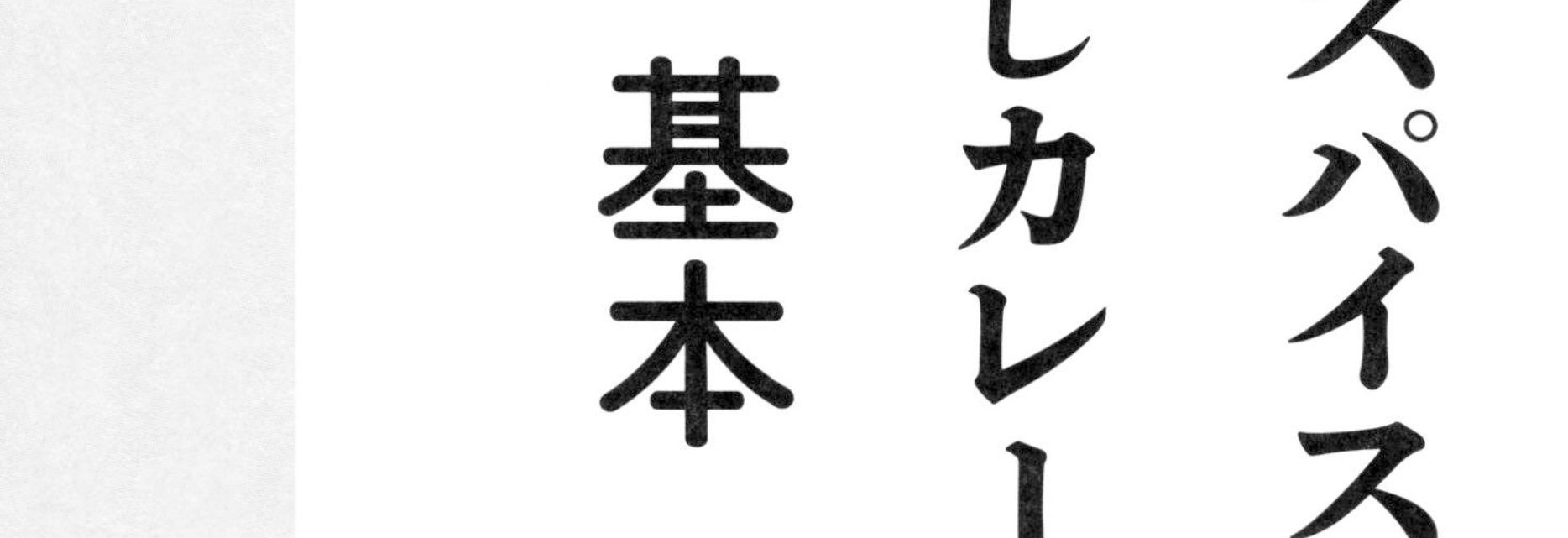

味つけや スパイスに負けない 強いお出汁のこと

和食に使うお出汁は、実に奥深く繊細です。昆布だけでも何種類もあり、取りたいお出汁によっては下処理が必要だったり、火加減なども異なります。

ただし、本書では「家庭で作るだしカレー」を前提にして、面倒になってしまっては元も子もありませんので、簡便で分かりやすい方法を推奨します。

繊細なお出汁の風味やキレイなお出汁にこだわらず、味つけやスパイスの香りに負けないために「強いお出汁」を取ることを基本としてご紹介したいと思います。

だしカレー作りに慣れてきて、もっとお出汁の風味をいかしたいとか、強く取ったお出汁のエグみが気になるという場合には、お出汁の専門書を参考に、和食としての正しい取り方を学び、お料理の幅を広げてみてくださいね。

また、今回ご紹介するメインとなるお出汁の素材は、煮干しと、かつおやさばなどの厚削り節です。これらのうま味成分イノシン酸のお出汁は単独で使うよりも、グルタミン酸が含まれる昆布だしを組み合わせることで、うま味が飛躍的に強くなることが知られており、この相乗効果は必ず使いたいところです。

ですので、レシピでは昆布も一緒にお出汁を取る作り方にしています。これも和食のお出汁の取り方からすれば少々乱暴な方法かもしれませんが、カレーならばそのちょっとした手間をサボってもおいしくまとめてくれる包容力がありますので、それに甘えて簡単に作れることを優先しましょう。

作りたてのお出汁を使うのがベストですが、
まとめて作っておくのもひとつの工夫。
また、余ってしまったお出汁をブレンドして、
次のだしカレー作りに活用するのもアイデアです。

保存期間
冷蔵…2〜3日
冷凍…2週間
解凍方法は、冷蔵解凍、流水解凍、レンチン、何でもOK。

保存をする場合は、昆布や厚削り節などは取り除き、ザルでこす。粗熱をしっかりととり、清潔な密閉容器(または保存用袋)に入れる。

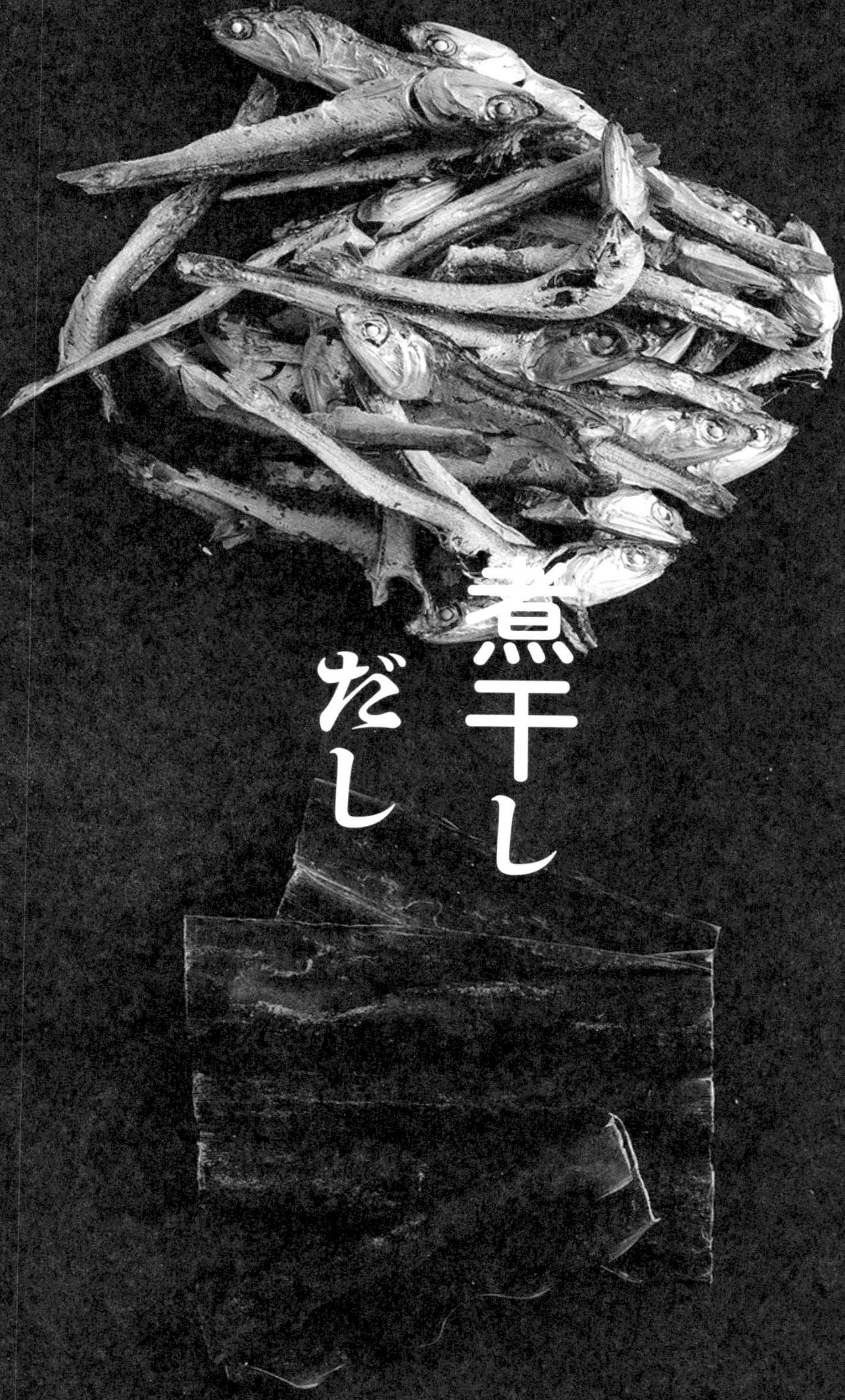

煮干しだし

材料（仕上がり1ℓ分）

水——1.5ℓ
煮干し——50g
昆布——10g

作り方

1
鍋に材料をすべて入れ、煮立たせないように気をつけながら、30分とろ火にかける。
＊アクが出たら取り除く。

2
昆布を取り出す。

3
弱火にしてさらに30分煮込み、ザルでこす。
＊煮干しを食べてみて、味がほとんどない状態が目安。

煮干しは、魚そのもののうま味と個性がストレートに出てくるお出汁です。エグみなどを抑えるために頭と腹ワタを取る下処理が和食料理では重要ですが、多少クセがあったほうがカレーには合うように感じることがあるため、私は下処理をすることなくそのまま使うことが多いです。ただし、魚をメインの具材とするカレーの場合は、魚と魚の個性がぶつかり合って、煮干しの嫌な面が強調されてしまいますので、その場合には違うだしを使うか、下処理をするのがおすすめです。

かつおやさばなどの厚削り魚介だし

材料（仕上がり1ℓ分）

水——1.5ℓ
厚削り節（かつおorさばorミックス）——50g
昆布——10g

作り方

1
鍋に材料をすべて入れ、煮立たせないように気をつけながら、30分とろ火にかける。
＊アクが出たら取り除く。

2
昆布を取り出し、弱火にしてさらに30分煮込む。

3
ザルでこす。

かつおだしは、日本人に最も親しまれているお出汁のひとつです。ただ、味わいが優しくまろやかであるため、カレーに合わせると力負けしてしまうことも。そこで合わせて使いたいのがさば節です。さば節は脂質が多く、コクのある味の濃いお出汁が出ます。しかし、さば節には香りがあまりないために、かつお節との併用はお互いの弱点を補い合うベストパートナーといえます。厚削り節には、かつおとさばは含まれていることが多く、ほかにも、あじやまぐろなどがミックスされていることもあります。それを使っていただいて構いません。

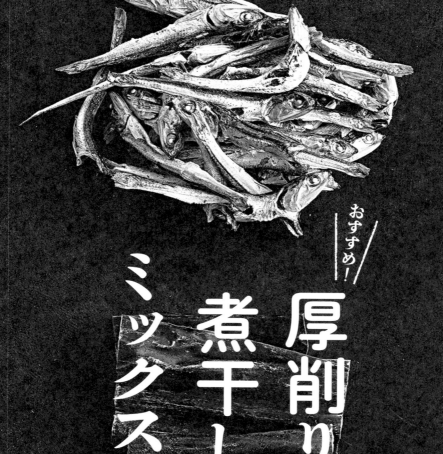

おすすめ！

厚削りと煮干しのミックスだし

材料（仕上がり1ℓ分）

水——1.5ℓ
煮干し・厚削り節（かつおorさばorミックス）——各50g
昆布——10g

作り方

1

鍋に水、煮干し、昆布を入れ、煮立たせないように気をつけながら、30分とろ火にかける。昆布を取り出し、弱火にしてさらに30分煮込む。

＊アクが出たら取り除く。

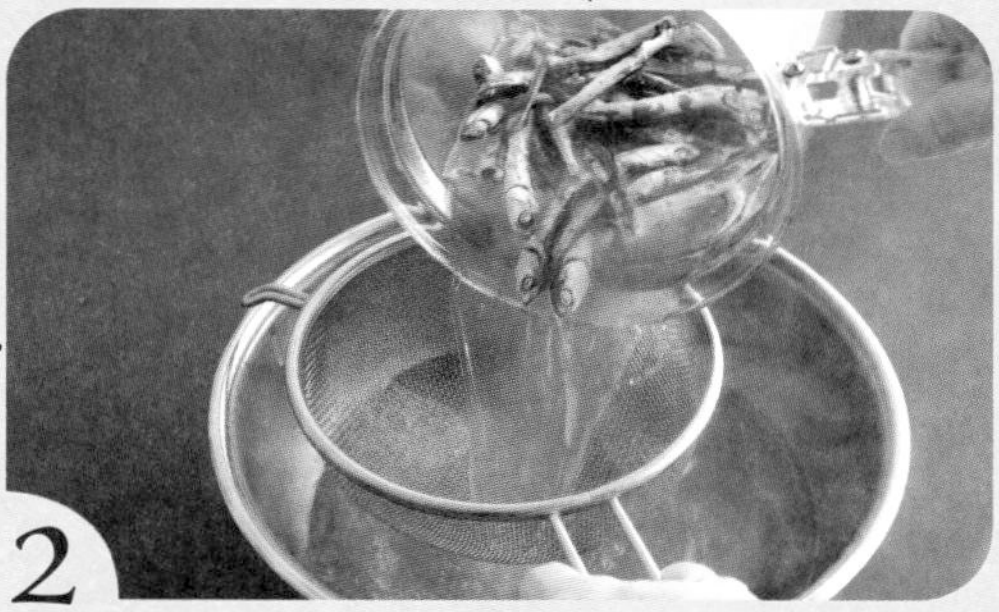

2

ザルでこしたら、鍋に戻し入れて軽く煮立てる。

3

厚削り節を加え、弱火で20〜30分煮込む。

4

ザルでこす。

煮干しと厚削り節をミックスしたお出汁です。繊細な味わいにこだわらず、ご家庭で魚介風味のだしカレーを作りたいならこれで十分！ 煮干しの強い風味と、厚削り節の香りやコクが合わさり、お出汁の存在感がグッと増します。お出汁を取る手順としては、煮干しと厚削りのうま味は順に出していくのがポイントですが、時間がないときや面倒に感じるときは、一緒に入れてもおいしいお出汁は取れるので、だしカレーの包容力に委ねて、気軽に挑戦してみてくださいね。

えびだし

材料（仕上がり100〜200㎖分）

えびの殻（ブラックタイガー／無頭でも可）——12〜16尾分
水——100〜200㎖

作り方

1

フライパンにえびの殻を入れ、弱火で表面が白くなり、水分が抜けるまで乾炒りする。

2

ミキサーに1、水を入れる。

3

2を攪拌する。

＊えびが大きい場合や有頭の場合、水が不足するので、加水する。

4

目の細かいザルで3をこす。

えびのお出汁は、甲殻類好きにとってはたまらない香りですよね。有頭えびを煮込んで丁寧にお出汁を取る方法もありますが、ここではカレーに負けない、強いえびだしを作るために、多少の雑味が出てもＯＫと割り切ってミキサーを使います。かなり濃いえびだしが出来上がりますので、カレーにする場合には、少しずつ加水して、えびだしと水の割合を調整し、好みのえび感を見つけてください。

だしカレーで使う
スパイスと
ハーブのこと

カレーに使うスパイス&ハーブは3つの役割に分類される

香り

> カレーに必要なスパイシーな香りや甘い香りをつける

- クミン
- コリアンダー
- シナモン
- クローブ
- コリアンダー
- フェンネル
- カルダモン
- ローリエ
- レモングラス
- カレーリーフ

など

辛味

> カレーに特有の辛味を与える

- マスタードシード
- チリペッパー
- ブラックペッパー
- 赤唐辛子
- 花椒
- 山椒粉
- 青唐辛子

など

色

- パプリカパウダー
- ターメリック

など

本書で紹介しているだしカレーは、いわゆるカレールウやカレー粉は使わずに、スパイスとハーブを使用しているので、一般的な家庭のだしカレーとは違う、軽やかで繊細な味わいが特徴です。この「軽やかで繊細な味わい」を決定づけているのがスパイスとハーブ。カレーに必要な「香り」「辛味」「色」をつける役割があり、それぞれを組み合わせて構成していきます。例えば、スパイシーな香りはクミンやコリアンダー、甘い香りはシナモン、カレー特有の辛味は、チリペッパーやブラックペッパー、カレーらしい黄色い色をつけるのはターメリックやパプリカパウダーというように、それぞれの役割を担うスパイスを覚えておくと、自分好みのカレーが作れます。本書で紹介しているだしカレーは、スタンダードなスパイスを使用しています。カレーはとても自由な料理なので、個々のインスピレーションで、いろいろなスパイスと素材、だしの相性を試してみてください。

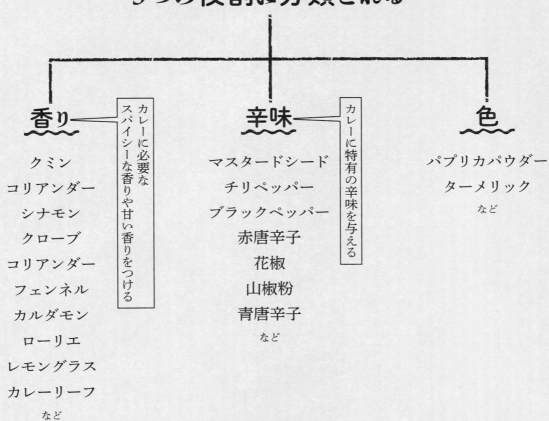

ホールスパイス

植物の種子やつぼみを加工せずにそのまま乾燥させたホールスパイス。一番最初に多めの油で熱して香りや辛味などを引き出す（テンパリング）工程は、カレー作りで最も重要。

辛

赤唐辛子

刺激的な辛さが特徴。辛味を強く出したい場合は輪切りにし、マイルドにしたい場合は種を取り除いて使う。

香

クミンシード

独特のスパイシーな香りとほどよい苦味が特徴。インド風カレーを作る際の主要なスパイス。炒めものにも。

香

クローブ

バニラに似た甘い香りと、しびれるような刺激のある風味が特徴。肉の臭みを抑えてくれるため、肉料理に向く。

香

コリアンダーシード

柑橘系の爽やかで甘い香りと、わずかな辛味が特徴。クミンと並んでカレーには欠かせないスパイス。

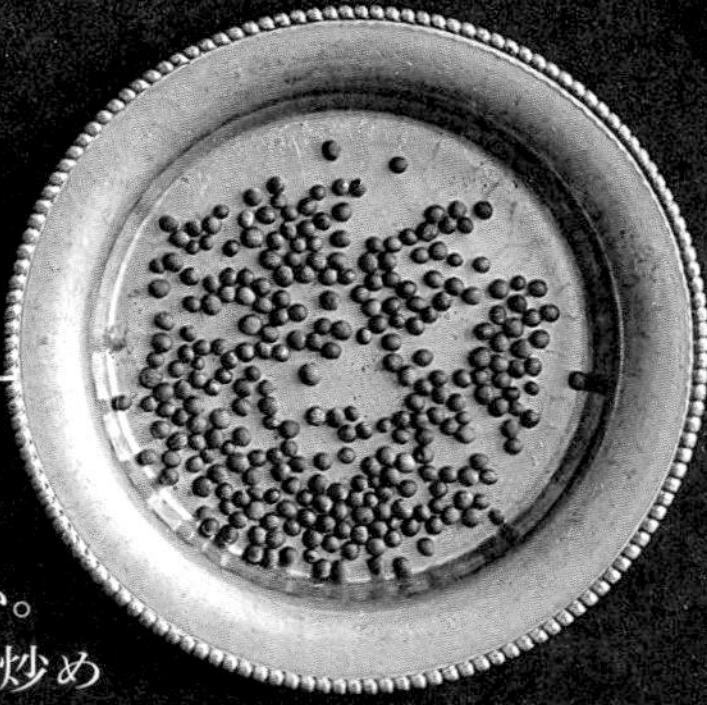

辛

マスタードシード

独特の辛味が特徴。黒、茶、黄の3種類があり、順に辛味が強い。南インドのカレーや炒めものに使われることが多い。

香

フェンネルシード

ほのかな甘い香りとピリッとした風味が特徴。魚の臭みや油っぽさを抑えてくれるため、魚介料理に向く。

香

カルダモン

清涼感のある香りとほろ苦い風味が特徴。カレーやひき肉料理に向く。香りが強いため、入れすぎに注意。

辛

青唐辛子

未成熟の唐辛子。みずみずしさと、刺激的な辛味が特徴。ココナッツミルクを使うカレーのアクセントなどに◎。

辛

花椒

柑橘系の香りとしびれるような辛味が特徴。同じミカン科の山椒よりも刺激的。中華料理によく使われる。

辛

ブラックペッパー(ホール)

ピリッとした刺激的な辛味が特徴。こしょうの中でも辛味、香りが強いため、肉料理との相性がよい。

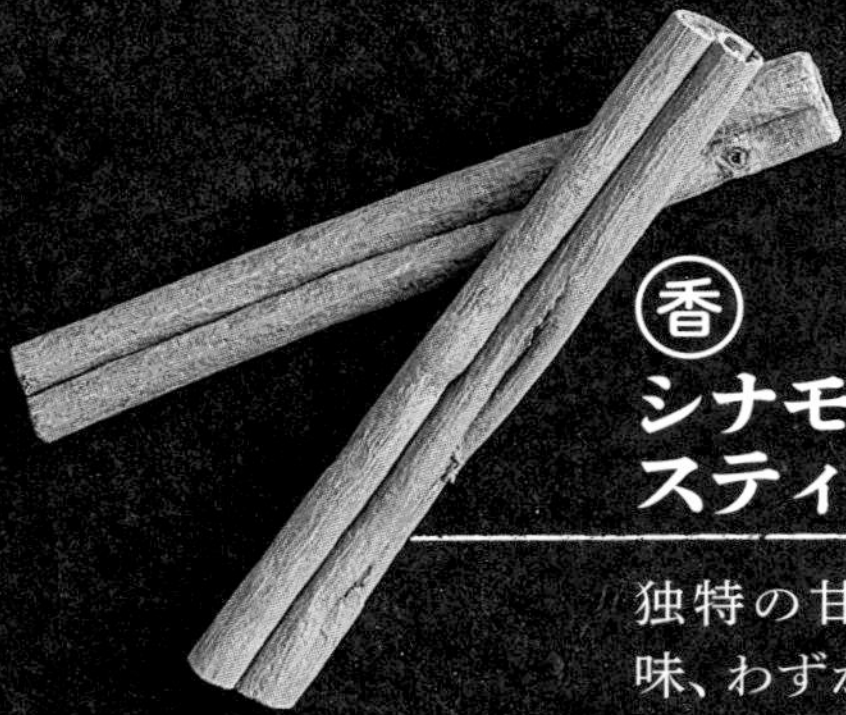

香

シナモンスティック

独特の甘い香りと風味、わずかな辛味が特徴。カレーに入れるとアクセントになり、深みのある味わいに。

パウダースパイス

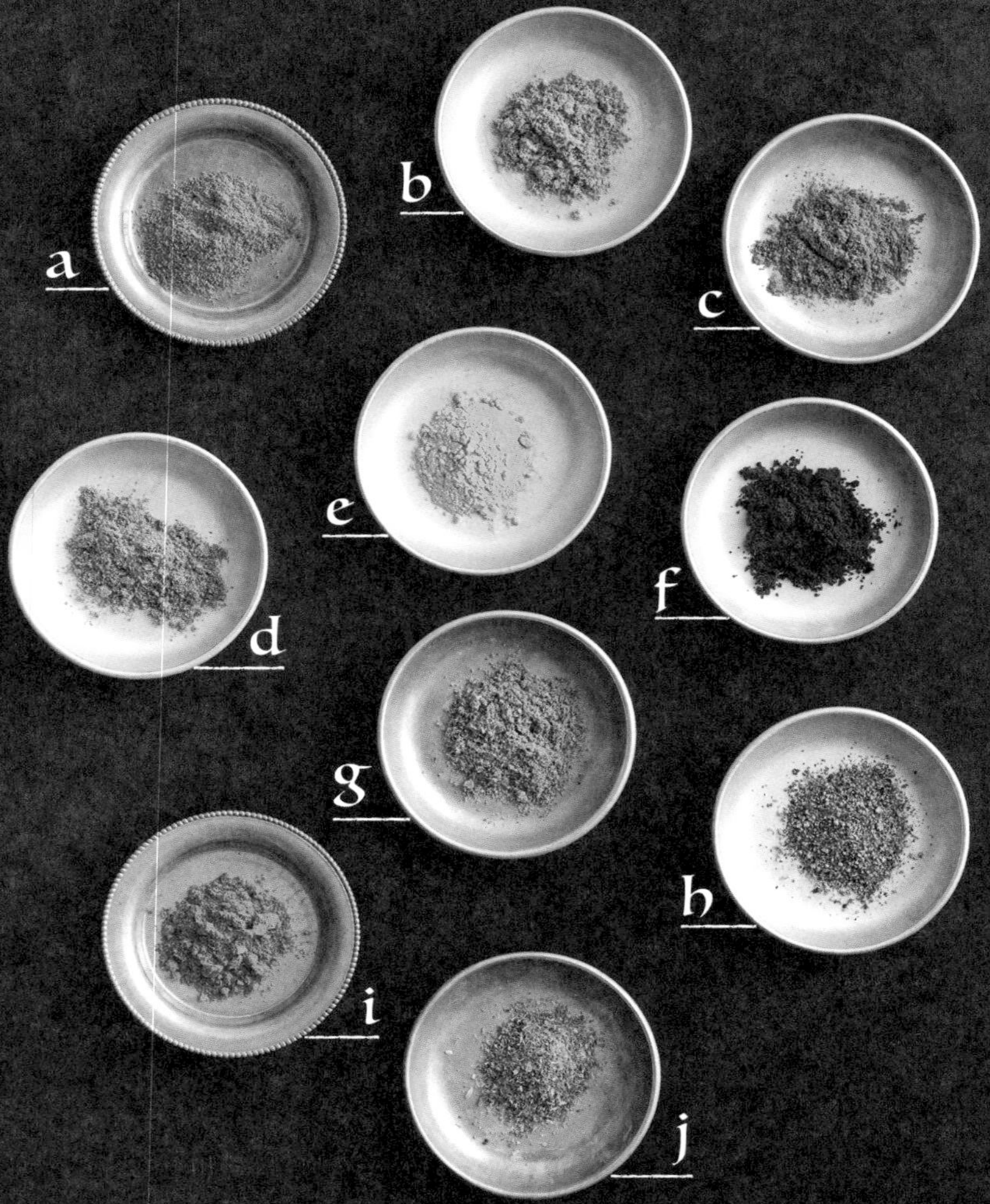

ホールスパイスをパウダー状に加工したスパイス。粒子が細かく、そのままで香りが立ちやすく、そのうえ混ぜやすいのが特徴。カレーベースを作る工程で混ぜながら炒める。

a チリペッパー (辛)

赤唐辛子（ホールチリ）を粉末にしたもの。強くシャープな辛味が特徴。カレーの辛さを決める役割を果たす。

b コリアンダー (香)

コリアンダーシードを粉末にしたもの。甘味のある爽やかな香りなので、カレーに繊細な風味をつける。

c クミン (香)

クミンシードを粉末にしたもの。野菜を炒めて水分が出た後に加えるのが正解。肉や魚の臭み消しにも。

d ガラムマサラ (香)

インドを代表するミックススパイス。3〜10種のスパイスを混ぜて作られるが、配合はさまざま。

e ターメリック (色)

独特の土臭いような香りとほろ苦い風味が特徴。カレーらしい黄色い色をつける役割を果たす。

f クローブ (香)

クローブを粉末にしたもの。インド風カレーにはホール、欧風カレーにはパウダーが使われることが多い。

g カルダモン (香)

カルダモンを粉末にしたもの。甘くて爽やかな香りをつけたいときに、ほかのスパイスとブレンドして使う。

h ブラックペッパー (辛)

爽やかでシャープな辛味を持つ。粉末のほうが、ピリピリとしたしびれる辛みをつける。

i パプリカパウダー (色)

辛味のない唐辛子であるパプリカを粉末にしたもの。甘酸っぱいような香りと苦味が特徴。料理の色づけに使われる。

j 山椒粉 (辛)

山椒の実を粉末にしたもの。爽やかな香りとしびれるような辛味が特徴。日本古来のスパイスで、お出汁との相性も◎。

ハーブ

カレーの香りづけとしても相性のよいハーブ。油で炒めてテンパリングしたり、煮込むときに加えるなど用途もさまざま。カレーリーフはフレッシュとドライがある。

㊢香

カレーリーフ

柑橘系の香りと、スパイシーな香りが特徴。南インドやスリランカで多用され、カレーに欠かせない。

香

ローリエ

爽やかな香りと苦味が特徴。肉、魚介類の臭み消しとして煮込みに使われる。香りが強いので通常1〜2枚で十分。

香

レモングラス

レモンに似た香りが特徴。東南アジアでは、香りづけ、臭み消しに多用され、ココナッツミルクやナンプラーとも合う。

だしカレーに使う調味料のこと

a 酒
魚介だしのカレーに使用。食材の臭みを消す、うま味、風味が加わる、食材を柔らかくするなどの効果がある。

b しょうゆ
塩味のほか、うま味、甘味、酸味、コクを出したいときに。お出汁との相性がよいので日本のだしカレーに使用。

c みりん
うま味とコクを出し、甘味を足すための砂糖の代用。食材の臭みを消したり、照りやツヤをつける効果も。

d サラダ油
ホールスパイスを熱してテンパリングするときに使用。香りがほぼない油のほうがスパイスの香りが立つ。

e オリーブオイル
えびオイルを作る際に使用。えびの殻から香ばしい香りを引き出し、香り高いオリーブオイルになじませて。

f 九州しょうゆ
独特の甘さとコクがあるしょうゆ。なければ、普通のしょうゆで代替可。その場合、砂糖を加えて味の調整を。

g 梅干し
酸味の効いたカレーに使用。ライムやタマリンドの代わりに梅干しを使うことで、だしカレーを引き立てる。

h ゆずこしょう
魚を使ったカレーの下味に使用。爽やかな柑橘の風味、ピリッとした辛味と苦味がカレーのアクセントに。

i からし
スパイシーポテサラで使用。ピリッとした辛味がカレーのアクセントに。だしとの相性もよい。

j ナンプラー
タイの魚醤で、日本のしょうゆと同じ役割。ココナッツミルクを使用するエスニックカレーに加えることが多い。

k 赤ワインビネガー
ポークビンダルーで豚肉の漬け込みに使用。漬け汁ごと加えることで、カレーに爽やかさと深みが出る。

l 酢
酸味でさっぱり仕上げるだけでなく、加熱で増す甘味がカレーにコクを出す。肉や魚を柔らかくする効果も。

m 砂糖
スパイスカレーではあまり使いませんが、本レシピでは甘じょっぱさ、甘酸っぱさをを出したいカレーに使用。

n 塩
最後の味の調整は塩で。また、玉ねぎを炒める際に加えることで、玉ねぎから水分が出やすくなる効果も。

本書で紹介しているだしカレーは、基本的には和のテイストなので、日本の調味料を意識して使っています。そうでなくてもカレーには合うとは思いますが、とくに魚介だしの香りやうま味を強く出したいものには、調味料も和の演出がマッチします。例えば、九州しょうゆやみりんは、砂糖とはちょっと違う和の甘味があります。砂糖でもよいのですが、だしカレーを作るにあたっては、日本の調味料に敬意を払って使用します。ほかにも、インドのタマリンドという酸味の効いた食材は、梅干しで代用しています。

ちなみに、南インドやスリランカ系のスパイスカレーは、お出汁の要素のあるカレーが既に存在しています。つまり、あっさり系のスパイスカレー×お出汁はだいたい成立するわけで、日本の調味料ももちろん合うと思うのです。せっかく日本人がアレンジするので、素材や調味料もちょっとお出汁に寄り添ったものにして、和の要素を強めたら楽しいと思っています。

玉ねぎ、にんにく、しょうが、トマト、スパイスで作るカレーベースのこと

玉ねぎ

玉ねぎに含まれる硫化アリルという成分が、水分を飛ばしながら炒めることで、甘味とうま味を引き立たせる。

しょうが

清涼感のある香りと辛味を加える。弱火でじっくり油で炒めることで、水分を飛ばして香りを引き出す。

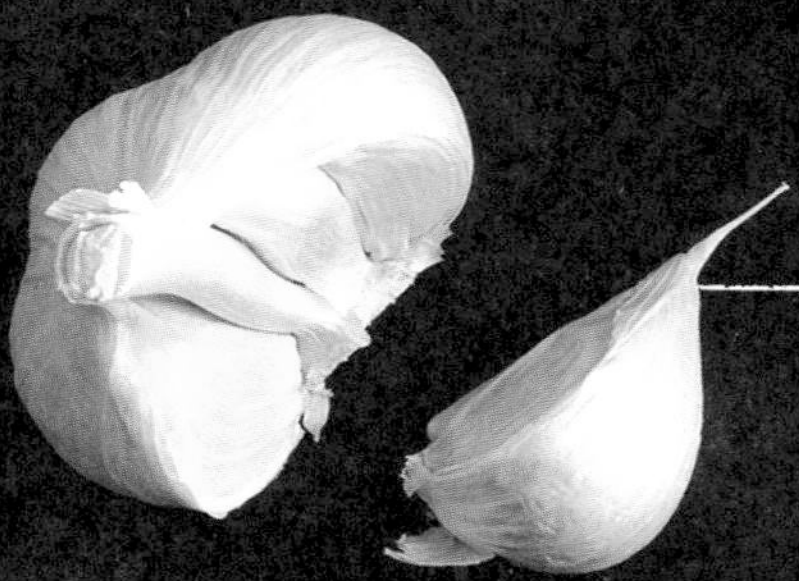

にんにく

独特の香りと辛味がだしカレーに欠かせない。弱火でじっくり火にかけて香りを出すのがポイント。

トマト

うま味成分グルタミン酸を含むので、うま味と酸味をプラスする。本書では、生のトマトのほかにホールトマト缶、カットトマト缶を使用。

カレーベースの作り方の基本

スパイスカレーのベースは、玉ねぎ、にんにく、しょうが、トマト、スパイスで作るカレーペーストです。玉ねぎのうま味、トマトの甘味と酸味、にんにくのコクと香り、しょうがの爽やかでスパイシーな香りで構成されています。これさえあれば、あとは好きな具材と水と塩を加えれば、おいしいカレーが出来上がります。ただ、本書のカレーは水の代わりにお出汁のうま味が入り、仕上げのオイルで魚介の香りを補うので、カレーベースの具材は自由自在。お出汁の香りを尊重するなら、にんにくとしょうがは入れない方がよいかもしれないですし、そもそもお出汁のうま味が強いので、トマトの甘味や酸味を入れない方がよいのでは？　という考え方もあるかもしれません。とはいえ、本書はだしカレーの入門書なので、読者の方が思いを巡らせて自分なりに足し引きして試してくれたらうれしいなと思っています。

1

ホールスパイスを油で熱する

まずは、多めのサラダ油にホールスパイスを入れて、弱めの中火でじっくり加熱を。泡が出てくるまで香りを移すように炒めるのがコツ。

2

玉ねぎを加えてキツネ色〜ヒグマ色になるまで炒める

玉ねぎを強火で炒め、塩を加えて焼きつけながら、こんがりとした色をつける。茶色ぐらいがキツネ色、焦げ茶ぐらいがヒグマ色。

3

にんにくとしょうがを加える

にんにくとしょうがは焦げやすいので中火で弱める。焦がさないようにじっくりと炒め、香りを立たせることでコクと風味を増す。

4

トマトを加えて炒める

トマトのうま味成分グルタミン酸で、より深い味わいに。ホールトマトを加えて潰しながらペースト状になるまで炒めるのがコツ。

5

パウダースパイスを炒めて完成！

仕上げにパウダースパイスを投入し、焦げやすいので弱火で炒める。スパイスが材料になじむまでしっかり混ぜるのがポイント。

だしカレーの風味を倍増させるオイルのこと

だしカレーの風味を倍増させる裏技、それがオイルです。炒め油ではなく、仕上げにオイルをかけることで、魚介の風味が広がります。

カレーに仕上げのオイル？　と思う方もいらっしゃるかと思いますが、この作り方はラーメンの手法を取り入れたものです。

ラーメンを構成する要素は「麺」「お出汁」「タレ」「トッピング」そして「脂/油」です。同じお出汁を扱う先輩にならうとするならば、だしカレーの場合は「ライス」「お出汁」「スパイスとベースの味つけ」「トッピング/副菜」そしてこの「仕上げのオイル」ということになります。

この仕上げのオイルの風味が入ることで、カレーにかき消されかけていたお出汁の風味が倍増するようによみがえり、口に入れた瞬間のファーストインパクトが「だし！」というようなだしカレーになります。

いずれのオイルも、清潔な保存ビンで密封した場合、常温で1カ月程度日持ちします。カレー以外の使い道も多様で、ご家庭でインスタントラーメンなどを食べるときにかけると味わいがアップしますし、かつおオイルはカルパッチョにかけてもおいしいです。

これ以外にも、ラーメン屋さんでよく見かける「ねぎ油」「エシャロット油」「鶏油」などもカレーの風味をアップさせてくれますので、機会があれば試してみてください。

煮干しオイル

煮干しオイルは、魚介の香りが最も強いオイルです。仕上げにかけることで、一気に魚介の風味がブーストします。味の変化が強いので、少し飽きたなというときや、もうひとクセが欲しい！　といったときにも試してみてほしいオイルです。

材料（作りやすい分量）

煮干し――30g
サラダ油――300mℓ

作り方

1
フライパンにサラダ油、煮干しを入れ、とろ火で10分ほど、じっくりと香りを移す。

＊煮干し全体がしっかりと油に浸かるように広げ入れる。

2
白い泡に覆われ、香ばしい香りが立ったら火を止める。

＊欲張りすぎて焦がさないように注意する。焦がすくらいなら、早めに火を止める。

かつおオイル

かつおオイルは、火を使わず浸けるだけなので、焦がす心配や、作るぞ！ といった意気込みもなく手軽に挑戦できます。分量は目安程度に、とらわれなくてＯＫ。保存ビンの大きさに合わせて、作りやすい量を作ってください。封を切ってしまったかつお節パックの残りなどを使うのもよいでしょう。

材料（作りやすい分量）

かつお節——2パック
サラダ油——200mℓ

作り方

1
かつお節を袋ごと揉み、細かくする。

2
保存ビンに1、サラダ油を入れ、1日以上おく。

＊保存ビンは煮沸消毒をしてから使う。
＊時間が経つほどおいしくなる。

えびオイル

えびだし(P18)を使うなら、ぜひえびオイルを合わせてほしい。えびだしは、食べた瞬間にえびを感じる先味タイプのお出汁なので、食べ進めると後半にはえびを感じにくくなります。ですので、最初からえびオイルで香りをブーストせずに、途中で加えて、えび力を復活させる食べ方をおすすめしています。

材料(作りやすい分量)

えびの殻
——4〜5尾分
オリーブオイル(またはサラダ油)
——200㎖

作り方

1
鍋にえびの殻を入れ、弱火で表面が白くなり、水分が抜けるまで乾炒りし、オリーブオイルを加え、焦がさないように10分ほど炒める。
*有頭の場合はとくにしっかりと乾炒りをして、生臭さが出ないようにする。

2
ザルでこす。

コラム

だしカレーをもっと楽しむライス

ジーラライス（クミンライス）

材料（2合分）

バスマティライス——2合
サラダ油——大さじ1
ローリエ——1枚
*無くてもOK。
塩——ひとつまみ

ホールスパイス

カルダモン（包丁で切り込みを入れるか、潰して中の種を出す）・クローブ——各2粒
クミン——小さじ1
*クミン以外は無くてもOK。

パウダースパイス

ターメリック——小さじ1
*無くてもOK。

作り方

1 炊飯器の内釜に洗ったバスマティライス、分量の目盛りまでの水を注ぎ入れ、30分以上浸水させる。

2 1を浸水させている間に、フライパンにサラダ油を弱めの中火で熱し、ホールスパイスを入れ、泡が出てきたら火を止める。

3 1にパウダースパイス、ローリエ、2を油ごと加えて混ぜ合わせ、普通モードで炊く。

ターメリックライス

材料（2合分）

米——2合
ターメリックパウダー——小さじ1
バター——10g

作り方

1 炊飯器の内釜に洗った米、分量の目盛りまでの水を注ぎ入れ、30分以上浸水させる。

2 1にターメリックパウダーを加えて混ぜ合わせ、バターを加え、普通モードで炊く。

サフランライス

材料（2合分）

米――2合
サフラン・塩――各ひとつまみ
バター――10g

作り方

1 炊飯器の内釜に洗った米、分量の目盛りまでの水を注ぎ入れ、サフランを加えたら、30分以上浸水させる。
2 1に塩を加えてかきまぜ、バターを加え、普通モードで炊く。

シラントロライムライス

材料（2合分）

バスマティライス――2合
バター――10g
ライム（搾り汁）――大さじ2
ライム（皮の表面をすりおろす）――小さじ1
A パクチー（葉の部分を摘み取る）――2カップ分
にんにく――1かけ
オリーブオイル・水――各大さじ2
塩――小さじ1/2
パクチー・ライム（輪切り）…各適量

作り方

1 炊飯器の内釜に洗ったバスマティライス、分量の目盛りより少なめの水を注ぎ入れ、30分以上浸水させる。
2 1にバターを加え、普通モードで炊く。
3 ミキサーにAを入れて撹拌し、ペーストを作る。
4 炊けた2に3、ライムを加えて混ぜ合わせて器に盛り、パクチー、ライムを添える。

たけのこごはん

材料（2合分）

米――2合
たけのこ（水煮）――100〜150g
A……しょうゆ・みりん――各大さじ1/2
お好みのだし――適量
＊かつおやさばなどの厚削り魚介だし（P14）が一般的ですが、煮干しだし（P12）もおすすめです。
木の芽――適宜

作り方

1 たけのこは食べやすい大きさに切る。
2 炊飯器の内釜に洗った米、Aを入れ、分量の目盛りまでお好みのだしを注ぎ入れ、混ぜ合わせる。
3 2に1を加え、普通モードで炊く。
4 器に盛り、お好みで木の芽を散らす。

あさりごはん

材料（2合分）

米——2合
あさり（砂抜き済み）——1パック（300g）
しょうゆ——小さじ1/2
しょうが（みじん切り）——1/2かけ分
酒・水——各大さじ2
A しょうゆ・みりん——各大さじ1

作り方

1 フライパンにあさり、酒、水を入れて中火にかけ、あさりの口がすべて開いたら、汁ごと一度取り出す。
2 あさりを殻からむいたら、しょうゆ、1の汁小さじ1を回しかけてなじませる。
3 炊飯器の内釜に洗った米、水を注ぎ入れ、30分以上浸水させたら水をきる。
4 3にAを加え、分量の目盛りまで水を注ぎ入れ、しょうがを加えて混ぜ合わせたら、普通モードで炊く。
5 炊き上がったら2を加え、蓋を閉めて5分蒸らしたら、混ぜ合わせる。

茶豆ごはん

材料（2合分）

米——2合
＊うち1割を長粒米（インディカ米）にすると香りが良い。
茶豆（または枝豆）——1袋（250g）
酒——大さじ1
塩——大さじ2
昆布（5㎝×5㎝）——1枚

作り方

1 茶豆は水で洗い、塩大さじ1をふってこすり合わせるように揉み込む。
2 鍋にたっぷりの湯を沸かし、塩大さじ1を加え、1を4分ほどゆでる。
3 ザルに上げ、うちわなどで粗熱をとり、中の豆を出す。
＊薄皮はついたままでOK。
4 炊飯器の内釜に洗った米、水を注ぎ入れ、30分以上浸水させたら水をきる。
5 4に酒を加え、分量の目盛りまで水を注ぎ入れ、昆布をのせたら、普通モードで炊く。
6 炊き上がったら3を加え、混ぜ合わせる。

コラム

だしカレーに合うお米のこと

ジャポニカ米

日本で一番なじみのある白米は、だしカレーに無条件によく合う。ただし、粘りけが強いものが多いので、かために炊くのがおすすめ。選ぶなら、具材の邪魔をしない少し柔らかめでさらりとした食感の米を選ぶとよい。

インディカ米

北インドやパキスタンの一部で作られているバスマティライスは、スパイスカレーと相性◎。パラッとした食感で粘りけがないため、スープ状で濃厚なだしカレーにぴったり。ジーラ（クミン）ライスやシラントロライスに。

玄米

胚芽や糠の栄養が丸ごととれる玄米。パラリとかための食感なので、とろみのついた日本式のカレーより、サラッとしたインド式のだしカレーによく合う。また、玄米自体の味わいが強いので、ドライカレーとの相性もよい。

雑穀米

もち麦や黒米などの雑穀を白米に加えて炊いた雑穀ごはんは、噛み応えがあるうえ香ばしく、白米に比べて甘味とコクが強い。また、雑穀ごはんは炊き上がりがパラッとしているので、味の強いスパイスカレーとの相性がよい。

2

毎日でも食べられる！だしカレー

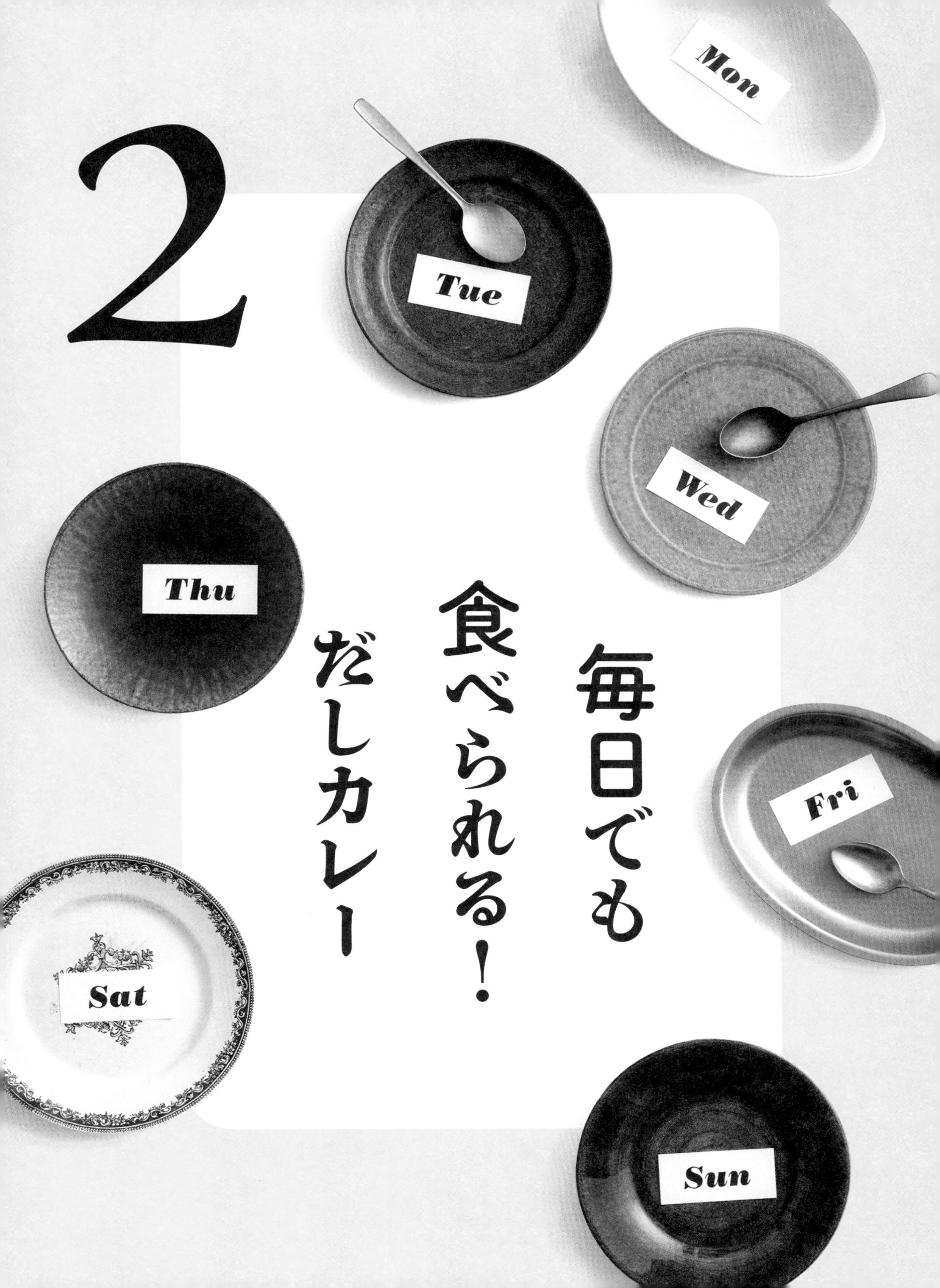

毎日でも食べられる！だしカレー

日本

和のお出汁香るチキンキーマ

口に入れた瞬間に煮干しの香りがふわっと香る、あっさりとしただしカレーです。煮干しだしと鶏肉の相性はとてもよく、ラーメンでいうところの鶏ガラと魚介のダブルスープのような、複雑なうま味のあるおいしさです。付け合わせには、ぜひお浸しなどの和の副菜や、ぬか漬け、浅漬けなどの漬け物を添えて。

材料（4人分）

カレーの材料

鶏ひき肉――400g
＊粗びきのほうがよい。
＊鶏もも肉だとジューシーに、鶏むね肉だと歯応えのある仕上がりになる。
玉ねぎ（みじん切り）――大1個分
厚削り節――10g

ホールスパイス

コリアンダーシード――小さじ2

パウダースパイス

ガラムマサラ――大さじ4
コリアンダー――大さじ2
クミン・ターメリック――各小さじ2
チリペッパー――小さじ1/2

調味料

九州しょうゆ（またはしょうゆ）――40mℓ
塩――適量
サラダ油――大さじ1

だし

厚削りと煮干しのミックスだし（P16）――800mℓ

仕上げのオイル

煮干しオイル（P31）――10〜15mℓ（1人分）

仕上げのスパイス（無くてもOK）

ブラックペッパー・七味唐辛子・山椒粉――各適宜

和のお出汁香るチキンキーマ

作り方

1

＊コンロは2つ使用する。

鍋にだしを入れて、弱火で沸騰直前まで温める。

2

フライパンにサラダ油をひき、厚削り節を入れ、弱火で熱する。パリッとしたら一度取り出す。

＊油に厚削り節の風味を移すことと、トッピングとしての厚削り節チップスを作る作業を兼ねる。

3

2のフライパンにホールスパイスを入れて弱めの中火で熱し、コリアンダーシードから泡が出てくるまで香りを移すように炒める。

4

3に玉ねぎを加え、強火で混ぜ合わせる。

5

フライパン全体に玉ねぎを広げ、塩ふたつまみを加え、2分ほど焼きつける。

＊塩を加えることで、玉ねぎから水分が出やすくなり、玉ねぎ自体に味が入る。

6

玉ねぎを返したら再度焼きつけ、これを繰り返し、キツネ〜ヒグマ色になるまで炒める。

＊3回目以降は、焦げつきを防止するために、差し水大さじ1（分量外）ずつ加えるとよい。

＊フライパンの加熱とともに焼きつけ時間は短くなる。

7

6にひき肉を加えてほぐし、塩ふたつまみを加え、ひき肉の表面に色がつくまで炒める。

＊炒めすぎるとうま味や水分が抜けるので、表面の色が変わればOK。

8

弱火に落とし、食材の上にパウダースパイスを加え、炒め合わせる。

9

1に8を入れ、九州しょうゆを回しかけて火を止める。余熱で具材に熱を通し、塩適量で味をととのえる。

＊九州しょうゆではなく、普通のしょうゆを使った場合、塩のほかにお好みで砂糖も加えて味をととのえる。

10

器にごはん（分量外）を盛り、9をかけ、2の厚削り節を散らし、仕上げのオイルを添える。お好みで仕上げのスパイスをふる。

このレシピの応用

鶏ひき肉を豚ひき肉や合いびき肉、牛ひき肉、ラムひき肉などに変えることで、表情がガラリと変わったカレーが出来上がります。味の強い牛肉、ラム肉を使う場合は、ホールスパイスをクローブ5粒、カルダモン5粒、シナモンスティック5cmに変えても、香りが変わって面白いので試してみてください。

スパイシーポテサラの魚介チキンキーマ

カレーの副菜としても合うスパイシーポテサラを、だしカレーに溶いてしまうというアレンジメニューです。カレーがかなりシャバシャバしていますが、マッシュポテトが入ることでとろみが出ます。スパイスのパンチと微かなにんにくの風味がだしカレーになじんで、まったく違うカレーに様変わりしてくれます。

材料（4人分）

カレーの材料

じゃがいも――4個
すりおろしにんにく――小さじ1

パウダースパイス

ガラムマサラ――小さじ3
ターメリック――小さじ1/2
チリペッパー――小さじ1/4

調味料

バター――10g
マヨネーズ――大さじ4
塩・練りからし――各小さじ1

トッピング

パセリ（みじん切り）――適量

作り方

1 じゃがいもは皮をむいて乱切りにし、水から6〜8分ほどゆでる。
＊串がスッと入るかたさがベスト。

2 ボウルに**1**を入れ、マッシャーで粗めに潰す。

3 2にすりおろしにんにく、調味料とパウダースパイスを加え、混ぜ合わせる。

4 器に盛り、パセリをふり、和のお出汁香るチキンキーマ（P40／分量外）適量をかけ、なじませる。

れんこんとしいたけと豚ひき肉の煮干しだしキーマ

れんこんとしいたけとお出汁は、煮物でも相性抜群の組み合わせ。しいたけに含まれるグルタミン酸は、魚介だしに多く含まれるイノシン酸との相乗効果がありますので一層うま味を感じられるカレーに仕上がります。れんこんのシャキッとした心地よい食感に加え、しいたけのうま味とお出汁が好相性なキーマカレーです。

材料（4人分）

カレーの材料

豚ひき肉――150g
＊粗びきのほうがよい。
れんこん――300g
しいたけ――150g（6枚程度）
玉ねぎ――大1個

ホールスパイス

コリアンダーシード――小さじ2

パウダースパイス

ガラムマサラ――大さじ4
コリアンダー――大さじ2
ターメリック――小さじ2
クミン――小さじ1
チリペッパー――小さじ1/2

調味料

九州しょうゆ（またはしょうゆ）――40mℓ
塩――適量
サラダ油――大さじ1

だし

煮干しだし（P12）――800mℓ

仕上げのオイル

煮干しオイル（P31）――10～15mℓ／1人分

仕上げのスパイス（無くてもOK）

七味唐辛子・山椒粉――各適宜

作り方

＊コンロは2つ使用する。

1 鍋にだしを入れて、弱火で沸騰直前まで温める。

2 れんこんは皮をむいて1cm角に切り、しいたけも1cm角に切る。玉ねぎはみじん切りにする。

3 フライパンにサラダ油、ホールスパイスを入れて弱めの中火で熱し、香りを移す。コリアンダーシードから泡が出てきたら、玉ねぎ、塩ふたつまみを加え、強火でヒグマ色になるまで（P43参照）炒める。

4 中火に落としてれんこん、しいたけを加え、れんこんに火が通ったらひき肉を加えてほぐし、塩ふたつまみを加える。ひき肉の表面に色がついたら弱火に落とし、パウダースパイスを加えて混ぜ合わせる。

5 1に4を入れ、九州しょうゆを回しかけて火を止め、塩適量で味をととのえる。

6 器に盛り、仕上げのオイル、仕上げのスパイスを添える。

副菜

昆布だしキャベツのアチャール ハルピン漬け風→P93

あさりとミニトマトの魚介だしカレー

魚介だしのカレーに、うま味がたっぷり出るあさりを加えて、貝だしの風味を加えてみましょう。ほたて貝柱やはまぐり、ホンビノス貝など、あさり以外の貝でも、とてもおいしいお出汁が出ますので、いろいろと試してみてください。三つ葉のほかに、せん切りにしたしょうがをトッピングしてもすっきりとした味わいに。

材料（4人分）

カレーの材料

あさり（砂抜き済み）——1パック（300g）
ミニトマト——8〜12個
トマト——1個
玉ねぎ——大1個
にんにく・しょうが——各1かけ
ココナッツミルク——200㎖

ホールスパイス

赤唐辛子（種は除く）——2本
マスタードシード——小さじ1/2

パウダースパイス

コリアンダー——小さじ2
ターメリック・チリペッパー——各小さじ1/2

調味料

塩——適量
サラダ油——大さじ1

だし

かつおやさばなどの厚削り魚介だし（P14）——300㎖

仕上げのオイル

かつおオイル（P32）——10㎖／1人分

トッピング

三つ葉（ざく切り）——適量

作り方

1 ミニトマトは半分に切り、トマトは1㎝角に切る。玉ねぎは粗いみじん切りにし、にんにく、しょうがはみじん切りにする。

2 フライパンにサラダ油、ホールスパイスを入れて弱めの中火で熱し、香りを移す。マスタードシードがパチパチと弾けてきたら、玉ねぎ、塩ふたつまみを加え､強火でヒグマ色になるまで（P43参照）炒める。

3 中火に落としてにんにく、しょうがを加え、香りが立ったらトマトを加え、木べらで潰しながら、水分がなくなるまで炒める。弱火に落とし、パウダースパイス、塩小さじ1と1/2を加えて混ぜ合わせる。

4 3にだしを少しずつ加えて伸ばし、中火で煮立たせたら、ココナッツミルクを加えてさらに煮立たせる。

5 4にあさり、ミニトマトを加えて、あさりの口が開くまで5分ほど煮込む。

6 器に温かいごはん（分量外）を盛り、5をかけ、三つ葉を添え、仕上げのオイルを回しかける。

副菜

香ばしいクミンのだしキャロットラペ→P92

日本

豚しゃぶの冷やしだしカレー

温かいごはんと冷たいカレールウ。さぬきうどんでいう「あつひや」を楽しむ夏に食べたいだしカレーです。なじみがないと最初は「あつひや」に驚くかもしれませんが、一度食べたらクセになるカレーです。多めに使ったしょうがのキリッとした風味、ブラックペッパーのピリッとした辛さがマッチします。トッピングでさらにさっぱりした味わいに。

材料（4人分）

カレーの材料

玉ねぎ——1/2個

トマト——1個

すりおろししょうが——2かけ分

豚しゃぶの材料（作り方3〜4の間に作る）

豚薄切り肉（しゃぶしゃぶ用）——400g

昆布——10g

ホールスパイス

コリアンダーシード——小さじ1

パウダースパイス

クミン・コリアンダー・ブラックペッパー——各小さじ2

ターメリック——小さじ1/2

チリペッパー——小さじ1/4

調味料

しょうゆ（または九州しょうゆ）・塩——各小さじ2

サラダ油——大さじ1

だし

厚削りと煮干しのミックスだし（P16）——600mℓ

仕上げのオイル

かつおオイル（P32）——10mℓ／1人分

トッピング

みょうが（せん切り）・貝割れ菜・トマト（くし形切り）・青じそ（せん切り）など——各適宜

作り方

1 玉ねぎは薄切りにし、トマトはざく切りにする。

2 鍋にサラダ油、ホールスパイスを入れて弱めの中火で熱し、香りを移す。コリアンダーシードから泡が出てきたら、1、すりおろししょうがを加えてさっと炒める。

3 弱火に落として2にしょうゆ、塩、パウダースパイスを加えて混ぜ合わせたら、だしを加える。中火にして煮立ったら蓋をして、20分ほど煮込む。

4 ボウルに3（食べる分だけ）を入れ、底を氷水につけて粗熱をとり、冷蔵庫で冷やす。

5 鍋に湯1ℓ、昆布を入れて火にかける。沸騰直前で弱火に落とし、10分ほど煮出したら、豚肉をゆでてザルに上げ、粗熱をとる。

6 器に温かいごはん（分量外）を盛り、4をかけて5をのせる。仕上げのオイルを回しかけ、お好みのトッピングをのせる。

このレシピの応用

さっぱりとしたトマトはぜひ取り入れてほしいトッピングのひとつ。さらに、食べ応えをアップさせたい場合は、素揚げしたなすもおすすめです。暑い夏の日にスタミナをアップさせたいときは、トッピングにすりおろしにんにくをのせてもよいでしょう。

日本

鶏手羽元と素揚げ野菜の魚介だしスープカレー

おそば屋さんのカレーはもちろんのこと、札幌スープカレーもお出汁のうま味たっぷりの人気メニューのひとつ。

そんな札幌スープカレーを魚介だしでアレンジ。お好みの野菜、季節の野菜をトッピングして変化をつけて、寒い冬でも、暑い夏でも楽しめる一皿を召し上がれ。

材料（4人分）

カレーの材料

鶏手羽元――12本
玉ねぎ（みじん切り）――大2個分
すりおろしにんにく・すりおろししょうが――各5かけ分
ホールトマト缶――1缶

ホールスパイス

赤唐辛子（種は除く）――4本
カルダモン（包丁で切り込みを入れるか、潰して中の種を出す）・クローブ――各5粒
クミンシード――小さじ2
シナモンスティック――5cm

パウダースパイス

コリアンダー――大さじ2
ガラムマサラ――大さじ1
ターメリック・クミン――各小さじ2
チリペッパー――小さじ1

調味料

塩――適量
こしょう――ふたつまみ
サラダ油――大さじ1

だし

厚削りと煮干しのミックスだし（P16）――1200mℓ

仕上げのオイル

かつおオイル（P32）――15mℓ（1人分）

トッピング

なす・ピーマン・パプリカ（赤・黄）・ブロッコリー・しめじ・かぼちゃなど、お好みの野菜――各適宜

副菜

じゃがいもとカリフラワーのだしサブジ→P90

鶏手羽元と素揚げ野菜の魚介だしスープカレー

作り方

1

鶏肉は骨に沿って切り込みを入れ、骨がむき出しになるように開く。

2

ボウルに1を入れ、塩小さじ1、こしょうをふってなじませる。

3

フライパンにサラダ油を中火で熱し、2を入れ、全体に焼き色がつくまで焼いたら、一度取り出す。

4

3のフライパンにサラダ油適量（分量外）を足し入れ、ホールスパイスを入れて弱めの中火で熱し、カルダモンとクローブがぷくっとふくらみ、クミンシードから泡が出てくるまで香りを移すように炒める。

5

4に玉ねぎを加え、強火で混ぜ合わせる。フライパン全体に広げ、塩ふたつまみを加え、2分ほど焼きつける。

6

玉ねぎを返したら再度焼きつけ、これを繰り返し、キツネ色になるまで炒める。

＊3回目以降は、焦げつきを防止するために、差し水大さじ1（分量外）ずつ加えるとよい。

＊フライパンの加熱とともに焼きつけ時間は短くなる。

7

中火に落として半量のにんにく、しょうがを加え、香りを立たせる。

8

7にホールトマトを加え、木べらで潰しながら、ペースト状になるまで炒める。

9

弱火に落とし、パウダースパイスを加えて2分ほど炒め合わせる。

10

9に3を戻し入れ、だしを加えて煮立たせたら、残りのにんにく、しょうがを加えて弱火で30分ほど煮込み、塩適量で味をととのえる。

11

煮込んでいる間にトッピングの素揚げ野菜を準備する。

＊ブロッコリーは小房に分け、3〜4分揚げる。

＊しめじは小房に分け、2〜3分揚げる。

＊なすは縦半分に切り、格子状の切り込みを入れ、2〜3分揚げる。

＊ピーマンとパプリカは、種とワタを取り除き、縦1cm幅に切り、2〜3分揚げる。

＊かぼちゃは薄切りにして、2〜3分揚げる。

12

器に10を盛り、お好みの11をのせ、仕上げのオイルを添える。

鮭とトマトと梅干しの魚介だしカレー

暑い日には、酸味のあるものやスパイシーなもの、まさにカレーが食べたくなります。バテた体でも、食べ始めるとスプーンが止まらない！　ちょっと変わっただしカレーで、暑い日を乗り切ってみませんか？　トマトは潰さずに具材として入れることでさっぱりとした味わいを演出してくれます。

材料（4人分）

カレーの材料
生鮭（切り身）──4切れ
トマト──2個
玉ねぎ──大1個
にんにく・しょうが──各1かけ
梅干し（はちみつ漬け）──2個

ホールスパイス
赤唐辛子（種は除く）──2本
カルダモン（包丁で切り込みを入れるか、潰して中の種を出す）──4粒
クミンシード──小さじ1
シナモンスティック──5㎝

パウダースパイス
コリアンダー──大さじ1
ターメリック・チリペッパー・ガラムマサラ──各小さじ1

調味料・ハーブ
酢・サラダ油──各大さじ1
塩──小さじ1～2
ローリエ──2枚

だし
かつおやさばなどの厚削り魚介だし（P14）──400㎖

仕上げのオイル
かつおオイル（P32）──15㎖（1人分）

作り方

1 トマトは大きめのざく切りにし、玉ねぎは薄切りにする。にんにく、しょうがはみじん切りにする。梅干しは種を取り除いてちぎる。

2 鍋にサラダ油、ホールスパイス、ローリエを入れて弱めの中火で熱し、香りを移す。カルダモンがぷくっとふくらみ、クミンシードから泡が出てきたら、玉ねぎを加え、中火でしんなりとするまで炒める。

3 にんにく、しょうがを加え、香りが立ったら弱火に落とし、パウダースパイスを加えて混ぜ合わせる。

4 3に鮭を皮目から加え、表面に焼き色がつくまで焼く。

5 4にトマト、梅干しを加えて軽く炒め、だしを少しずつ加える。酢を加えて煮立ったら、弱火で15分ほど煮込み、塩で味をととのえる。

6 器に温かいごはん（分量外）を盛り、5をかけ、仕上げのオイルを回しかける。

副菜
さきいかとセロリと松の実のサラダ→P91

おそば屋さん風スパイスだしカレー

お出汁がふわっと香るおそば屋さんのカレーは、ほっとする味ですよね。ただ、スパイスの香りが弱い、ボテッとしているなど、カレー好きからすると物足りないのもまた事実。それをスパイスカレーとだしカレーの手法をいかして作ってみました。水溶き片栗粉の代わりにぬめりの出る九条ねぎを使ってとろみを出しています。

材料（4人分）

カレーの材料

豚薄切り肉——400g
玉ねぎ——大1個
九条ねぎ——3本（または小ねぎ4本）
にんにく・しょうが——各1かけ

ホールスパイス

赤唐辛子（種は除く）——2本
クミンシード・ブラックペッパー（ホール）——各小さじ1

パウダースパイス

コリアンダー——大さじ1と1/2
ガラムマサラ——大さじ1
クミン・ターメリック・チリペッパー——各小さじ1

調味料

塩——適量
しょうゆ——100mℓ
みりん——20mℓ
砂糖——20g
サラダ油——大さじ1

だし

かつおやさばなどの厚削り魚介だし（P14）——600mℓ

仕上げのオイル

かつおオイル（P32）——10mℓ／1人分

作り方

*コンロは2つ使用する。

1 玉ねぎは薄切りにし、九条ねぎは斜め薄切りにする。にんにくとしょうがはみじん切り（またはすりおろし）にする。

2 鍋にサラダ油、ホールスパイスを入れて弱めの中火で熱し、香りを移す。クミンシードから泡が出てきたら、玉ねぎ、塩ふたつまみを加え、強火でキツネ色になるまで（P43参照）炒める。

3 中火に落としてにんにく、しょうがを加え、香りが立ったら弱火に落とし、パウダースパイスを加えて混ぜ合わせる。

4 3に豚肉を加え、塩小さじ1をふり、豚肉の表面に色がつくまで炒める。だしを加えて煮立たせ、弱火で5分煮込む。

5 4を煮立てている間に、フライパンにしょうゆを弱めの中火で熱し、プツプツと泡が出てきたらその温度を維持し、みりん、砂糖を加えて混ぜ合わせ、5分加熱して、かえしじょうゆを作る。

6 4に5を少しずつ加え、好みの濃さになったら8割ほどの九条ねぎを加え、3分ほど煮込む。

7 器に温かいごはん（分量外）を盛り、6をかけ、残りの九条ねぎを添え、仕上げのオイルを回しかける。

毎日でも
食べられる！
だしカレー

日本

なすと山椒の魚介だしビーフキーマ

山椒はとても繊細なスパイスで、香りが飛びやすく、カレーのスパイスにしてはあまり存在感を放てません。ですが、不思議なことにだしカレーにはよく合います。このカレーは、ホールスパイスに花椒を、具材に山椒の実を使い、香りだけではなく、しびれる辛さが楽しめます。

材料（4人分）

カレーの材料

牛ひき肉――300g
なす――4本（約300g）
玉ねぎ――大1個
ホールトマト缶――1缶
にんにく・しょうが――各1かけ
山椒の実（塩漬け）――大さじ1〜2

ホールスパイス

花椒・コリアンダーシード――各小さじ1
赤唐辛子（種は除く）――2本

パウダースパイス

山椒粉――小さじ4
クミン・コリアンダー・カルダモン――各小さじ2
ターメリック・チリペッパー――各小さじ1

調味料

塩――適量
こしょう――ひとつまみ
サラダ油――大さじ1

だし

かつおやさばなどの厚削り
魚介だし（P14）――300㎖

仕上げのオイル

かつおオイル（P32）――10㎖／1人分

仕上げのスパイス

山椒粉――適量

作り方

1 なすは2㎝幅のいちょう切りにして、水に軽くさらして水けをきる。玉ねぎ、にんにく、しょうがはみじん切りにする。

2 フライパンにサラダ油、ホールスパイスを入れて弱めの中火で熱し、香りを移す。コリアンダーシードから泡が出てきたら、玉ねぎ、塩ふたつまみを加え、強火でヒグマ色になるまで（P43参照）炒める。

3 中火に落としてにんにく、しょうがを加え、香りが立ったらホールトマトを加え、木べらで潰しながら、水分がなくなるまで炒める。弱火に落とし、パウダースパイスを加えて混ぜ合わせる。

4 3にひき肉を加えてほぐし、塩ひとつまみ、こしょうをふり、ひき肉の表面に色がつくまで炒める。なすを加え、しんなりするまで炒める。

5 4にだし、山椒の実を加え、弱火で10〜15分煮込み、塩小さじ2を加えて味をととのえる。

6 器に温かいごはん（分量外）を盛り、5をかけ、仕上げのオイル、仕上げのスパイスを添える。

かきとセリのだしカレー炊き込みごはん

冬になると食べたくなるかき。スパイシーなカレーと合わせても絶品です。炊飯器ではなく、土鍋や鋳物ホーロー鍋などで炊いて、鍋ごと食卓に。蓋を開けた瞬間、ふわっとおいしい香りに包まれ、幸せな時間が楽しめます。ポイントは、かきをしっかり洗うこと。臭みが取れて、かき本来の味わいを楽しむことができます。和のお出汁のテイストに合わせて、日本の野菜であるセリを合わせるのもポイントです。

材料（4人分）

米――3合
かき（加熱用）――400〜600g
しょうが（せん切り）――1かけ分
昆布（5cm×5cm）――1枚

パウダースパイス

コリアンダー――小さじ2
クミン・ターメリック――各小さじ1
チリペッパー――小さじ1/2

調味料

A しょうゆ・みりん・酒――各大さじ3
塩――適量
かつおオイル（P32）――小さじ1と1/2
バター――20g

だし

かつおやさばなどの厚削り魚介だし（P14）――500mℓ

トッピング

セリ（ざく切り）――1束分
しょうが（せん切り）――1かけ分
レモン（搾り汁）――適宜

作り方

1 米は洗ったらザルに上げ、30分ほどおく。
*もっちりごはんにする場合は、夏場は30分、冬場は1時間ほど水に浸す。

2 ボウルにザルを重ねてかきを入れ、塩適量をふり、かきが半分かぶる程度の水を加え、ザルをゆすって洗う。水を3回ほど取り替えてよく洗ったら、ザルに上げて水けをしっかりときる。
*かきのひだの部分に汚れが多いので、しっかりと洗う。

3 鍋にだし、A、しょうがを入れ、中火で軽く煮立ったら、2を加えて3分ほど煮込む。

4 かきがふっくらとしてきたら一度取り出して粗熱をとる。

5 3に1、昆布、パウダースパイス、かつおオイルを加えて混ぜ合わせ、蓋をして煮立たせる。蓋を開けて混ぜ合わせたら、再度蓋をして、弱火で15分炊く。

6 火を止めて、4を戻し入れ、バターをのせたら蓋をして10分蒸らす。

7 蓋を開けて昆布を取り出し、セリ、しょうがをのせ、お好みでレモンをかける。

毎日でも食べられる！だしカレー

日本

トマトと牛肉のだし煮込みカレー

スパイスカレーは、トマトをペースト状になるまで炒めて使うことが多いですが、ゴロッと煮込まれたトマトもジューシーでおいしいですよね。牛肉と一緒にお出汁で煮込んだスッキリとした味わいのカレーに仕上げました。コトコトと煮込む時間が長いので、その間に副菜作りにもチャレンジしてみてくださいね。

材料（4人分）

カレーの材料

牛薄切り肉――400g
トマト――2個
玉ねぎ――大1個
にんにく・しょうが――各1かけ

ホールスパイス

シナモンスティック――約5cm
カルダモン（包丁で切り込みを入れるか、潰して中の種を出す）・クローブ――各6粒
クミンシード――小さじ1

パウダースパイス

コリアンダー――大さじ2
クミン――大さじ1
ブラックペッパー――小さじ2
ターメリック・チリペッパー――各小さじ1

調味料・ハーブ

小麦粉――小さじ1
こしょう――ひとつまみ
塩・サラダ油――各適量
ローリエ――2枚

だし

かつおやさばなどの厚削り魚介だし（P14）――300mℓ

仕上げのオイル

かつおオイル（P32）――10mℓ／1人分

トッピング

ゆで卵のスパイス漬け（P65）――適量

作り方

＊コンロは2つ使用する。

1 トマトは大きめのざく切りにし、玉ねぎは薄切りにする。にんにく、しょうがはみじん切りにする。

2 鍋にサラダ油大さじ2、ホールスパイス、ローリエを入れて弱めの中火で熱し、香りを移す。カルダモンとクローブがぷくっとふくらみ、クミンシードから泡が出てきたら、玉ねぎを加え、中火でしんなりとするまで炒める。

3 にんにく、しょうがを加え、香りが立ったら弱火に落とし、パウダースパイスを加えて混ぜ合わせる。

4 3にトマトを加えて軽く炒め、だしを加えて20分ほど煮込む。

5 4を煮込んでいる間に、ボウルに牛肉を入れ、塩ひとつまみ、こしょう、小麦粉を加えてなじませる。

6 フライパンにサラダ油適量を中火で熱し、5を色が変わるまで焼く。

7 4に6を加え、15分ほど煮込み、塩少々で味をととのえる。

8 器に温かいごはん（分量外）を盛り、7をかけ、ゆで卵のスパイス漬けをのせ、仕上げのオイルを回しかける。

ゆで卵のスパイス漬け

材料と作り方（卵4個分）

1 沸騰したたっぷりの湯に、冷蔵庫から出してすぐの卵4個をそっと入れ、8分ゆでる。

2 ボウルに氷水を張り、1を入れて急冷し、殻をむく。

3 保存袋にめんつゆ・水各大さじ2、ターメリックパウダー・ガラムマサラ各小さじ1/2、赤唐辛子（輪切り）適量、2を入れ、冷蔵庫で半日以上漬ける。

毎日でも
食べられる！
だしカレー

日本

根菜と春菊と鶏手羽元の煮干しだしカレー

冬に食べたい根菜のカレー。れんこんのサクサク感、じゃがいものホクホク感、大地の力強さを感じるごぼうのポリポリ感といった根菜の食感が楽しめるカレーです。ほっこりと温まる根菜はお出汁の風味で引き立てられます。具材は思い切ってゴロッと大きめに切るのがポイント。スープカレーとして食べるのもおすすめです。

材料（4人分）

カレーの材料

鶏手羽元——8〜12本
れんこん——8cm分（150〜200g）
じゃがいも・トマト——各1個
大根——4cm分（150〜200g）
ごぼう——1本
玉ねぎ——大1個
にんにく・しょうが——各1かけ
春菊——1束

ホールスパイス

クミンシード——小さじ1

パウダースパイス

コリアンダー——大さじ3
ガラムマサラ——小さじ2
クミン——小さじ1
ターメリック・チリペッパー——小さじ1/2

調味料

塩・サラダ油——各適量
こしょう——ふたつまみ

だし

煮干しだし（P12）——400mℓ

仕上げのオイル

煮干しオイル（P31）——10mℓ／1人分

作り方

1 れんこん、じゃがいも、大根は皮をむいて乱切りにし、耐熱皿に入れてラップをふんわりとかけ、電子レンジで6分ほど加熱する。ごぼうは包丁の背で皮を軽くこそげ落とし、乱切りにして、水にさらしアク抜きをする。玉ねぎ、にんにく、しょうがはみじん切りにし、トマトはざく切りにする。春菊は3cm幅に切る。

2 鶏肉は骨に沿って切り込みを入れ、骨がむき出しになるように開き、ボウルに入れて塩小さじ1、こしょうをふってなじませる。

3 鍋にサラダ油大さじ1を中火で熱し、2を全体に焼き色がつくまで焼いたら、一度取り出す。

4 3の鍋にサラダ油適量を足し入れ、ホールスパイスを入れて弱めの中火で熱し、香りを移す。クミンシードから泡が出てきたら、玉ねぎ、塩ふたつまみを加え、強火でキツネ色になるまで（P43参照）炒める。

5 中火に落としてにんにく、しょうがを加え、香りが立ったらトマトを加え、木べらで潰しながら、水分がなくなるまで炒める。弱火に落とし、パウダースパイスを加えて混ぜ合わせる。

6 5にだし、れんこん、じゃがいも、大根、ごぼうを加え、3を戻し入れ、じゃがいもに串がスッと入るようになるまで、30分〜1時間煮込み、塩適量で味をととのえる。春菊を加え、さっと火を通す。

7 器に盛り、仕上げのオイルを回しかける。

濃厚えびだしカレー 南インド風

南インド系のカレーとして、日本人にもなじみのあるココナッツ風味のシュリンプカレーを、だしカレーにアレンジしました。えびだし＋えびオイル＋具材もえびのえび祭り！ えび好き必見のレシピです。歯応えも楽しめるように、大ぶりなえびを使うのがおすすめです。

材料（4人分）

カレーの材料

えび（ブラックタイガーなど／背ワタを取り除き、殻をむく）——12〜16尾
玉ねぎ（みじん切り）——大1個分
ホールトマト缶——1/2缶
にんにく（みじん切り）・しょうが（みじん切り）——各1かけ
ココナッツミルク——300〜400mℓ
（ココナッツミルクパウダーを使用する場合はパウダー：水＝1：5の分量を用意する）

ホールスパイス

シナモンスティック——3cm
赤唐辛子（種は除く）——2本
マスタードシード——小さじ1
フェンネルシード（あれば）——小さじ1/2

パウダースパイス

コリアンダー——小さじ2
クミン——小さじ1
ターメリック・チリペッパー——各小さじ1/2

調味料・ハーブ

塩——適量
サラダ油——大さじ1
ローリエ——1枚
カレーリーフ（あれば）——10枚

だし

えびだし（P18）——100〜200mℓ
＊ココナッツミルクと合わせて500mℓ程度になるように。まずは100mℓからがおすすめ。

仕上げのオイル

えびオイル（P33）——10〜15mℓ／1人分
＊途中で味を変えたいタイミングでかけてもよい。

トッピング

パクチー（ざく切り）——適量

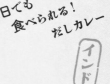

濃厚えびだしカレー 南インド風

作り方

1

鍋にサラダ油、ホールスパイス、ローリエ、カレーリーフを入れて弱めの中火で熱し、マスタードシードがパチパチと弾けて、シナモンの甘い香りが立つまで炒める。

＊シナモンは取り出してもよい。

2

1に玉ねぎを加え、強火で混ぜ合わせる。鍋全体に広げ、塩ふたつまみを加え、2分ほど焼きつける。玉ねぎを返したら再度焼きつけ、これを繰り返し、キツネ〜ヒグマ色になるまで炒める。

＊3回目以降は、焦げつきを防止するために、差し水大さじ1(分量外)ずつ加えるとよい。

＊フライパンの加熱とともに焼きつけ時間は短くなる。

3

中火に落としてにんにく、しょうがを加え、香りを立たせる。

4

3にホールトマトを加え、木べらで潰しながら、ペースト状になるまで炒める。

5
弱火に落としてパウダースパイスを加え、2分ほど炒め合わせる。

6
5にだし、ココナッツミルク、塩小さじ1を加えて味をととのえる。

7
一度煮立ててから10分煮込み、えびを加えてさらに2分煮込む。

8
器に盛り、仕上げのオイルを回しかけ、パクチーをのせる。

副菜
さば缶とオクラのスパイス炒め→P91

インド

えびとほたての夏野菜だしカレー

えびだしのカレーに貝のだしをプラスしておいしくないわけがない！　濃厚えびだしカレー（P68）ほど、えびだしのパンチを強く出さずに、レモンを搾ってさっぱりと食べられる、えびだしカレーです。

材料（4人分）

カレーの材料

えび（ブラックタイガーなど）——12〜16尾
ほたて貝柱——8〜12個
玉ねぎ——大1個
パプリカ（赤・黄）——各1/2個
ズッキーニ——1/2本
ホールトマト缶——1缶
にんにく——1かけ
しょうが——2かけ

ホールスパイス

クミンシード・マスタードシード——各小さじ1
赤唐辛子（種は除く）——2本

パウダースパイス

コリアンダー・クミン——各小さじ2
ターメリック・ガラムマサラ——各小さじ1
チリペッパー——小さじ1/2

調味料・ハーブ

バター——10g
塩——適量
サラダ油——大さじ1
ローリエ——1枚

だし

えびだし（P18）——100mℓ
＊水（〜200mℓ）を加えて好みの濃さにととのえる。

仕上げのオイル

えびオイル（P33）——10mℓ／1人分
＊途中で味を変えたいタイミングでかけてもよい。

トッピング

パクチー（ざく切り）・イタリアンパセリ（ざく切り）・三つ葉（ざく切り）・レモン（くし形切り）——各適宜

作り方

1 えびは尾を残して殻をむき、背ワタを取り除く。玉ねぎ、パプリカ、ズッキーニは1cm角に切る。にんにく、しょうがはみじん切りにする。

2 えびとほたて貝柱に片栗粉少々（分量外）と塩少々をふり、水けをきる。

3 フライパンにサラダ油、ホールスパイス、ローリエを入れて弱めの中火で熱し、香りを移す。クミンシードから泡が出て、マスタードシードがパチパチと弾けてきたら、玉ねぎ、塩ふたつまみを加え、強火でキツネ色になるまで（P43参照）炒める。

4 中火に落としてにんにく、しょうがを加え、香りが立ったらホールトマトを加え、木べらで潰しながら、水分がなくなるまで炒める。弱火に落とし、パウダースパイスを加えて混ぜ合わせる。

5 4にパプリカ、ズッキーニ、だしを加え、煮立ったら蓋をして15分ほど煮込む。

6 蓋を外し、塩小さじ2を加えて味をととのえ、2、バターを加えて5分ほど煮込む。
＊だしが強いと感じる場合は、水を加えてだしの濃さや粘度を調節する。

7 器に温かいごはん（分量外）を盛り、6をかけ、仕上げのオイルを回しかけ、お好みのトッピングを添える。

インド

鶏肉とクレソンの煮干しだしカレー

ベーシックなチキンカレーをだしカレーにアレンジするという基本メニューです。煮干しだしをベースに、鶏肉、玉ねぎ、トマト、だしとうま味のオンパレードで、味の強いカレーです。お出汁をしっかりと感じたい方は、トマトを使わずに作ってもおいしく仕上がります。トッピングに、フレッシュなクレソンを散らして召し上がれ。

材料（4人分）

カレーの材料

鶏もも肉――400g
玉ねぎ――大1個
トマト――1個
にんにく・しょうが――各1かけ
クレソン（またはパクチー、セリでも可）――1束

ホールスパイス

クミンシード――小さじ1

パウダースパイス

コリアンダー――小さじ4
クミン――小さじ2
ターメリック――小さじ1
チリペッパー――小さじ1/2

調味料

塩――適量
サラダ油――大さじ2

だし

煮干しだし（P12）――200mℓ

仕上げのオイル

煮干しオイル（P31）――適量

作り方

1 鶏肉は食べやすい大きさに切る。玉ねぎは粗みじん切りにし、トマトは2cm角に切る。にんにく、しょうが、クレソンはみじん切りにする。

2 フライパンにサラダ油、ホールスパイスを入れて弱めの中火で熱し、香りを移す。クミンシードから泡が出てきたら、玉ねぎ、塩ふたつまみを加え、強火でキツネ～ヒグマ色になるまで（P43参照）炒める。

3 中火に落としてにんにく、しょうがを加え、香りが立ったらトマトを加え、木べらで潰しながら、水分がなくなるまで炒める。弱火に落とし、パウダースパイスを加えて混ぜ合わせ、塩小さじ1/2を加える。

4 3に鶏肉を加え、弱めの中火で鶏肉の表面が白くなるまで炒める。

5 4にだしを加えて煮立たせたら、弱火に落として15分煮込む。

6 塩適量で味をととのえ、クレソンを加えて混ぜ合わせる（トッピング用のクレソンを少し残しておく）。

7 器に盛り、仕上げのオイルを回しかけ、残りのクレソンを散らす。

副菜

じゃがいもとカリフラワーのだしサブジ→P90

毎日でも食べられる！だしカレー

インド

魚介だしの和風ポークビンダルー

ポークビンダルーは、インドのゴアがポルトガル領であった頃から食べられていた、酸っぱくて辛い豚肉のカレー。牛や豚を食べないインドでこのカレーが普及した理由は、日本にキリスト教を伝え、ゴアを拠点に布教活動をしていたフランシスコ＝ザビエルの存在でした。ザビエルが繋いだポルトガルとインドと日本の交流を和のお出汁を使って表現してみました。

材料（4人分）

カレーの材料

豚肩ロースブロック肉——400〜500g

玉ねぎ——大1個

トマト——1個

すりおろしにんにく——3かけ分

すりおろししょうが——2かけ分

ホールスパイス

赤唐辛子（種は除く）——1本

シナモンスティック——5cm

カルダモン（包丁で切り込みを入れるか、潰して中の種を出す）・クローブ——各5粒

パウダースパイス

A

ガラムマサラ——大さじ2

コリアンダー——大さじ1

チリペッパー・ブラックペッパー——各小さじ1

パプリカパウダー（あれば）——小さじ2

B

コリアンダー——大さじ1

クミン・ガラムマサラ・パプリカパウダー（あれば）——各小さじ1

ターメリック・チリペッパー——各小さじ1/2

調味料・ハーブ

赤ワインビネガー——大さじ2〜3

オリーブオイル——大さじ1

塩——適量

ローリエ——1枚

だし

かつおやさばなどの厚削り魚介だし（P14）——200mℓ

仕上げのオイル

かつおオイル（P32）——10mℓ／1人分

作り方

1 豚肉はひと口大に切り、バットなどにA、すりおろしにんにく、すりおろししょうが、赤ワインビネガーと一緒に入れて揉み込み、ラップをかけて冷蔵庫でひと晩おく。

2 玉ねぎはみじん切りにし、トマトは1cm角に切る。

3 鍋にオリーブオイル油、ホールスパイス、ローリエを入れて弱火で熱し、香りを移す。カルダモンとクローブがぷくっとふくらんできたら、玉ねぎ、塩ふたつまみを加え、強火でヒグマ色になるまで（P43参照）炒める。

＊玉ねぎを加える前に、シナモンとカルダモンは取り出してもよい。

4 中火に落としてトマトを加え、木べらで潰しながら、水分がなくなるまで炒める。弱火に落とし、Bを加えて混ぜ合わせる。

5 4に漬け汁ごとの1とだしを加えたら、蓋をして20分ほど煮込む。蓋を開け、好みの水分量になるまで煮込み、塩適量で味をととのえる。

＊甘酸っぱさを出したい場合は、砂糖小さじ1〜（分量外）を調節しながら加える。

6 器に温かいごはん（分量外）を盛り、5をかけ、仕上げのオイルを添える。

インド

白身魚とお野菜のココナッツ風味だしカレー

ココナッツミルクを使うと、和から一気にアジア風に様変わりします。そこに和のお出汁と白身魚が加わると、ちょっと変わっただしカレーに。パウダースパイスを控えめにしているので色味が浅く、味もあっさりしています。一方で、だし本体にしょうがと赤唐辛子を加えたり、ホールスパイスを多めにして油に香りを移してあるため、口の中で香り、体が温まるカレーです。

材料（4人分）

カレーの材料

白身魚（たらなど／切り身）——4切れ
玉ねぎ（みじん切り）・トマト（1～2cm角に切る）——各大1個分
なす（乱切り）——3～4本分
ココナッツミルク——200mℓ
にんにく（みじん切り）・しょうが（みじん切り）——各1かけ分

A
しょうが（薄切り）——1枚分
赤唐辛子（種は除く）——1本

ホールスパイス

シナモンスティック——5cm程度
クローブ——6本
赤唐辛子（種は除く）——1本
クミンシード——大さじ2

パウダースパイス

コリアンダー・ターメリック——各小さじ2

調味料

酒——100mℓ
薄力粉——小さじ4～6
ナンプラー（または塩）・しょうゆ——各小さじ2
塩・こしょう——各適量
サラダ油——大さじ3

だし

かつおやさばなどの厚削り魚介だし（P14）——600mℓ
＊しょうがと赤唐辛子を加えて煮込む。蒸発して400～450mℓになるが、それでOK。

仕上げのオイル

かつおオイル（P32）——10～15mℓ／1人分

仕上げのスパイス（無くてもOK）

粗びき黒こしょう——適量

インド

白身魚とお野菜のココナッツ風味だしカレー

作り方

1

＊コンロは3つ使用する。

鍋にだし、Aを入れて、弱火で沸騰直前まで温める。

2

白身魚は食べやすい大きさに切り、水分をペーパータオルで拭き取り、塩、こしょう各少々をふり、薄力粉をまぶす。

3

鍋にサラダ油をひき、ホールスパイスのシナモンスティックを入れ、弱めの中火で熱する。香りが立ったら、残りのホールスパイスを加え、クミンシードから泡が出てくるまで香りを移すように炒める。

4

3に玉ねぎ、にんにく、しょうがを加え、中火で炒め合わせる。

5

にんにくとしょうがから香りが立ったら、なすを加え、玉ねぎがしんなりするまで炒める。

6

フッ素樹脂加工のフライパンに2を入れ、全体に焼き色がつくまで焼く。

7

5に6、トマトを加え、トマトを少し潰すように軽く炒める。

8

弱火に落とし、パウダースパイスを加えて2分ほど炒め合わせる。

9

8に1、酒を加えてひと煮立ちさせる。

10

9にココナッツミルク、ナンプラーを加えてなじませ、弱火で15分ほど煮込む。しょうゆを加え、塩適量で味をととのえる。

11

器に温かいごはん（分量外）を盛り、10をかけ、お好みで仕上げのオイルを回しかけ、仕上げのスパイスをふる。

副菜
じゃがいもとカリフラワーのだしサブジ→P90

毎日でも食べられる！だしカレー

スリランカ

魚介だしのチキンカレー スリランカ風

スリランカ大使館が公開しているカレーレシピを、日本風のだしカレーにアレンジしました。スリランカではモルディブフィッシュというかつお節のようなだしを使ったカレーも有名です。スリランカ大使館のレシピでは油を一切使いませんが、このカレーでは、最後に仕上げのオイルで香りをプラスして魚介風味をアップしました。

材料（4人分）

カレーの材料

鶏むね肉──1枚（300g）
玉ねぎ（薄切り）──1/4個
青唐辛子（小口切り）──2本分
すりおろしにんにく──1かけ分
すりおろししょうが──1/2かけ分

A **パウダースパイス**

ブラックペッパー──小さじ1
ターメリック──小さじ1/2
クローブ・カルダモン・チリペッパー──各小さじ1/4

B

コリアンダー──小さじ2
クミン──小さじ1
ターメリック──小さじ1/2

調味料・ハーブ

C

水──100mℓ
塩・砂糖──各小さじ1
ローリエ──1枚
レモングラス（乾燥／約5cm）──3〜5本
塩──適量

だし

かつおやさばなどの厚削り魚介だし（P14）──400mℓ

仕上げのオイル

かつおオイル（P32）──適宜

魚介だしのチキンカレー　スリランカ風

作り方

1
鶏肉は皮を取り除き、ひと口大に切り、フォークで穴をあける。

2
保存袋に1、Cを入れて袋の空気を抜いて口を閉じ、冷蔵庫で1時間ほどおいたら、マリネ液をきる。
＊急いでいる場合は30分以上を目安に。

3
ボウルに2、玉ねぎ、青唐辛子、にんにく、しょうが、パウダースパイスのAを入れて混ぜ合わせる。

4
鍋にパウダースパイスのBを入れて混ぜ合わせ、焦がさないように注意しながら弱火で軽く炒める。

5

香りが立ったら3を加え、パウダースパイスをからめるように、鶏肉の表面が白くなるまで炒める。

6

5にだし、ローリエ、レモングラスを入れて蓋をし、煮立ってきたら弱火に落とし、30分ほど煮込む。塩で味をととのえる。

7

器に盛り、お好みで仕上げのオイルを軽く回しかける。

副菜

じゃがいもとカリフラワーのだしサブジ→P90
香ばしいクミンのだしキャロットラペ→P92

魚介だしのかつおカレー スリランカ風

かつおだしのカレーにかつおが合わないわけがない、と思い作ってみたカレーです。和のお出汁にアクセントとして、すだちの搾り汁を加え爽やかな香りに。そこに梅干しの酸味をプラスしてさらにさっぱりテイストに。すだちをライムに、梅干しをタマリンドに代えるとインド風にアレンジできます。

材料（4人分）

カレーの材料

かつお（切り身）——300g
トマト——1個
玉ねぎ——大1個
にんにく・しょうが——各1かけ
すだち（搾り汁）——小さじ3
梅干し（はちみつ漬け／種を取る）——2個分
ココナッツミルク——100mℓ

ホールスパイス

マスタードシード——小さじ1

パウダースパイス

コリアンダー——大さじ1
クミン・ターメリック・ガラムマサラ——各小さじ1
チリペッパー——小さじ$\frac{1}{2}$

調味料

塩・ゆずこしょう——各適量
サラダ油——大さじ1

だし

かつおやさばなどの厚削り魚介だし（P14）——400mℓ
＊かつおの厚削りの魚介だしでぜひ

仕上げのオイル

かつおオイル（P32）——10mℓ／1人分

トッピング

三つ葉（ざく切り）・パクチー（ざく切り）・すだち（薄い輪切り）——各適宜

作り方

1 かつおはひと口大に切り、バットなどに入れて塩少々をふり、表面にゆずこしょうを薄く塗り込み、すだち小さじ1をかける。ラップをかけ、冷蔵庫で15～30分おく。

2 トマトはざく切りにし、玉ねぎ、にんにく、しょうがはみじん切りにする。

3 フライパンにサラダ油、ホールスパイスを入れて弱めの中火で熱し、香りを移す。マスタードシードがパチパチと弾けてきたら、玉ねぎ、塩ふたつまみを加え、強火でキツネ色になるまで（P43参照）炒める。

4 中火に落としてにんにく、しょうがを加え、香りが立ったらトマトを加え、水分がなくなるまで炒める。弱火に落とし、パウダースパイスを加えて混ぜ合わせる。
＊このときトマトは潰さないように炒める。

5 4に梅干しを加え、だしを少しずつ加えて伸ばし、煮立ったらココナッツミルクを加えてひと煮立ちさせる。

6 1のゆずこしょうを軽く拭き取り、5に加えて5～10分煮込み、塩適量で味をととのえる。残りのすだちを加える。

7 器に温かいごはん（分量外）を盛り、6をかけ、仕上げのオイルを回しかけ、お好みのトッピングを添える。

スリランカ

魚介だしのレンズ豆カレー

レンズ豆は、豆自体がお出汁を吸収するので、素朴ながらも味わい深い豆カレーになります。このカレーは合いがけのパートナーとしていただくのがおすすめです。カレーパーティーなどで、ほかのカレーの合間に箸休め的な一品になること間違いなしです。カレーの鮮やかな黄色がテーブルに彩りを添えてくれるでしょう。

材料（4人分）

カレーの材料

赤レンズ豆——150g
玉ねぎ——1/2個
にんにく——1かけ
青唐辛子——1本
ココナッツミルク——150mℓ

ホールスパイス

シナモンスティック——約3cm
マスタードシード——小さじ1/2

パウダースパイス

ターメリック・パプリカパウダー——各小さじ1/2

調味料・ハーブ

塩——小さじ1/2〜1
サラダ油——大さじ1
カレーリーフ（生／あれば）——10枚〜15枚

だし

かつおやさばなどの厚削り
魚介だし（P14）——600mℓ

作り方

1 レンズ豆はさっと洗い、5〜10分水に浸し、水けをきる。

2 玉ねぎ、にんにくはみじん切りにする。

3 フライパンにサラダ油、ホールスパイスを入れて弱めの中火で熱し、香りを移す。マスタードシードがパチパチと弾けてきたら、青唐辛子、カレーリーフ、玉ねぎを加え、玉ねぎがしんなりとするまで炒める。

4 にんにくを加え、香りが立ったら弱火に落とし、パウダースパイスを加えて混ぜ合わせる。

5 4に1、だしを加えて蓋をし、10分ほど煮込み、ココナッツミルクを加えたら、さらに5分ほど煮込む。塩で味をととのえる。

コラム パパッと作れる簡単副菜

じゃがいもとカリフラワーのだしサブジ（だしアルゴビ）

材料（作りやすい分量）

じゃがいも——3個
カリフラワー——1房
ローリエ——1枚
にんにく・しょうが——各1かけ
だしパック（粉末）——1袋（8g）
塩——適量
オリーブオイル——大さじ2
パクチー（粗みじん切り）・レモン（搾り汁）——各適量

ホールスパイス

クミンシード——小さじ1

パウダースパイス

コリアンダー——小さじ2
ターメリック——小さじ1
チリペッパー——小さじ1/4

だし

厚削りと煮干しのミックスだし（P16）——大さじ2

作り方

1 じゃがいもは皮をむいて2〜3cm角に切り、カリフラワーは小房に分ける。にんにく、しょうがはみじん切りにする。

2 鍋に湯を沸かし、じゃがいもを入れて3〜4分ゆでたらカリフラワーを加え、一緒に3分ほどゆでる。ザルに上げ、水けをきる。

3 フライパンにオリーブオイル、ホールスパイス、ローリエを弱めの中火で熱し、香りを移す。クミンシードから泡が出てきたら、中火にしてにんにく、しょうがを加えてさっと炒める。

4 3に2を加えて弱火に落とし、パウダースパイス、パックから出しただしを加えて混ぜ合わせる。

5 4にだしを加え、強火で水分を飛ばすように炒めたら、弱火に落として葉を摘んだパクチーを散らし、塩で味をととのえ、レモンをかける。

さきいかとセロリと松の実のサラダ

材料（作りやすい分量）

セロリ――2本
さきいか――50～60g
松の実――20g
オリーブオイル――大さじ1
塩――小さじ$\frac{1}{2}$
ガラムマサラ――少々

作り方

1 セロリは薄い輪切りにする。
2 ボウルに1、塩を入れて揉み込み、5～7分おいたら水けを絞る。
3 2をおいている間に、フライパンにオリーブオイル、松の実を入れて弱めの中火で、こんがりと茶色になるまで炒る。
4 ボウルに2、さきいかを入れ、3を油ごと加えたらなじませ、ガラムマサラをふる。

さば缶とオクラのスパイス炒め

材料（作りやすい分量）

さば水煮缶――1缶
オクラ――3～5本
オリーブオイル――大さじ1
塩――適量
パウダースパイス
コリアンダー・クミン――各小さじ1
ガラムマサラ――小さじ$\frac{1}{2}$
ブラックペッパー――小さじ$\frac{1}{4}$～$\frac{1}{2}$

作り方

1 オクラは小口切りにする。
2 鍋にオリーブオイルを中火で熱し、1を軽く炒める。
3 2にほぐしたさばを加え、強火で炒める。さばが乾きはじめたら、さばの缶汁を加え、炒め煮する。
4 弱火に落としてパウダースパイスを加え、全体になじませたら塩で味をととのえる。

コラム パパッと作れる

簡単副菜

香ばしいクミンのだしキャロットラペ

材料（作りやすい分量）

にんじん——1本
A 白だし・酢——各大さじ2
オリーブオイル——大さじ1
砂糖——小さじ2
塩・砂糖・酢——各適量

ホールスパイス
クミンシード——小さじ1

パウダースパイス
クミン——小さじ1
ブラックペッパー——少々

作り方

1 にんじんは皮をむいてせん切りにする。
2 ボウルに1、A、パウダースパイスを入れて混ぜ合わせる。
3 フライパンにホールスパイスを入れ、弱火で2〜3分、焦がさないように乾炒りし、粗熱をとる。
4 2に3を加えて和え、塩、砂糖、酢でお好みの味にととのえる。

新じゃがのスパイスだしバターグラッセ

材料（作りやすい分量）

新じゃがいも——3個
だしパック（粉末）——1袋（8g）
水——200ml
サラダ油——大さじ1
バター——10g
パクチー（粗みじん切り）・レモン（搾り汁）——各適量

ホールスパイス
クミンシード——小さじ1

パウダースパイス
コリアンダー——小さじ1
ターメリック・チリペッパー——各小さじ1/4

作り方

1 新じゃがいもはよく洗い、皮ごとひと口大に切る。
2 鍋に1、水、パックから出しただしを入れ、弱めの中火で水分がなくなるまで煮る。
3 2を煮ている間に、フライパンにサラダ油、ホールスパイスを弱めの中火で熱し、香りを移す。クミンシードから泡が出てきたら、火を極弱火に落とし、パウダースパイスを加えて10〜20秒なじませるように混ぜ合わせ、火を止める。
4 3に2を加えて混ぜ合わせ、バターを加えて余熱で溶かし、混ぜ合わせる。パクチー、レモンを加えて和える。

昆布だしキャベツのアチャール ハルピン漬け風

材料（作りやすい分量）

キャベツ——1/4個
塩昆布——3つまみ
レモン（搾り汁）——大さじ1

ホールスパイス

クミンシード——小さじ1

調味料

A 酢——大さじ1
砂糖——小さじ1と1/2
赤唐辛子（輪切り）——ひとつまみ
すりおろしにんにく（チューブ）——約2cm

サラダ油——大さじ1

作り方

1 キャベツはくし形切りにする。

2 保存容器に1、塩昆布、レモン、Aを入れて揉み込む。器などの重石をのせ、冷蔵庫でひと晩漬け、食べやすい大きさに切る。

3 小鍋にサラダ油、ホールスパイスを弱火で熱し、香りを移す。クミンシードから泡が出たら、熱いうちに2にかけ、味をなじませる。

煮干しだし（P12）

れんこんとしいたけと豚ひき肉の煮干しだしキーマ——46
根菜と春菊と鶏手羽元の煮干しだしカレー——66
鶏肉とクレソンの煮干しだしカレー——74

かつおやさばなどの厚削り魚介だし（P14）

あさりとミニトマトの魚介だしカレー——48
鮭とトマトと梅干しの魚介だしカレー——56
おそば屋さん風 スパイスだしカレー——58
なすと山椒の魚介だしビーフキーマ——60
かきとセリのだしカレー炊き込みごはん——62
トマトと牛肉のだし煮込みカレー——64
魚介だしの和風ポークビンダルー——76
白身魚とお野菜のココナッツ風味だしカレー——78
魚介だしのチキンカレー スリランカ風——82
魚介だしのかつおカレー スリランカ風——86
魚介だしのレンズ豆カレー——88

厚削りと煮干しのミックスだし（P16）

和のお出汁香るチキンキーマ——40

豚しゃぶの冷やしだしカレー——50
鶏手羽元と素揚げ野菜の魚介だしスープカレー——52
じゃがいもとカリフラワーのだしサブジ——90

えびだし（P18）

濃厚えびだしカレー 南インド風——68
えびとほたての夏野菜だしカレー——72

アレンジ

スパイシーポテサラの魚介チキンキーマ——44

副菜

ゆで卵のスパイス漬け——65
じゃがいもとカリフラワーのだしサブジ——90
さきいかとセロリと松の実のサラダ——91
さば缶とオクラのスパイス炒め——91
香ばしいクミンのだしキャロットラペ——92
新じゃがのスパイスだしバターグラッセ——92
昆布だしキャベツのアチャール ハルピン漬け風——93

カレーマン

日本全国世界10ヵ国カレー屋食べ歩きカレーブロガー。現在はInstagramでの情報発信が中心。会社員の傍らご当地カレーのプロデュースやカレーイベント出店、カレーレシピ監修、テレビ、ラジオ出演など多方面で活躍中。2022年10月に堀江貴文氏と共同でお出汁のカレーライス専門店「カレーだしっ！」をオープン。

Instagram@curryman_jp
Twitter@curryman_jp
Instagram@currydashi
Twitter@currydashi

撮影　鈴木静華・佐々木孝憲
調理・スタイリング　ダンノマリコ
ＡＤ　三木俊一
デザイン　宮脇菜緒（文京図案室）
編集　丸山みき・樫村悠香・永野廣美（ＳＯＲＡ企画）

カレーはお出汁でこんなに変わる！スパイスだしカレー

２０２３年７月23日　初版発行

著者　カレーマン
発行者　鈴木伸也
発行所　株式会社大泉書店
〒１０５-０００１
東京都港区虎ノ門４-１-40 江戸見坂森ビル４Ｆ
電話　０３-５５７７-４２９０（代）
ＦＡＸ　０３-５５７７-４２９６
振替　００１４０-７-１７４２
印刷　半七写真印刷工業株式会社
製本　株式会社明光社

URL　http://oizumishoten.co.jp
ISBN978-4-278-03829-3　C0077